◆ 普通高等学校新时代公共体育课系列教

大学生定向运动基础教程
DAXUESHENG DINGXIANG YUNDONG JICHU JIAOCHENG

孟昭莉　主　编
王健壮　傅鹤宇　刘健松　副主编

大连理工大学出版社
Dalian University of Technology Press

图书在版编目(CIP)数据

大学生定向运动基础教程 / 孟昭莉主编. －－ 大连：大连理工大学出版社，2025.1(2025.1重印)
ISBN 978-7-5685-4836-6

Ⅰ．①大… Ⅱ．①孟… Ⅲ．①定向运动－高等学校－教材 Ⅳ．①G826

中国国家版本馆 CIP 数据核字(2024)第 010629 号

大连理工大学出版社出版

地址：大连市软件园路 80 号　邮政编码：116023
营销中心：0411-84707410　84708842　邮购及零售：0411-84706041
E-mail:dutp@dutp.cn　URL:https://www.dutp.cn
辽宁星海彩色印刷有限公司印刷　　大连理工大学出版社发行

幅面尺寸：185mm×260mm　　印张：10.5　　字数：256千字
2025年1月第1版　　　　　　　　　　2025年1月第2次印刷

责任编辑：邵　婉　　　　　　　　　　　责任校对：朱诗宇
封面设计：奇景创意

ISBN 978-7-5685-4836-6　　　　　　　　定　价：48.00元

本书如有印装质量问题，请与我社营销中心联系更换。

前言

随着我国经济和社会的发展,运动作为促进健康的重要手段日益引起公众的关注,"健康中国"上升为国家战略。新时代高校体育在运动知识传授和能力培养的基础上,注重大学生身体素养提高、健康生活方式和体育锻炼习惯的养成,强调价值塑造。

定向运动通常是在未知或陌生的区域进行的,完成全部赛程的目标激励着参与者精准辨向,快速选择,加速奔跑。这不仅能强健体魄,还能培养参与者独立思考、果断处事的素质,在提高抗压能力与应变能力方面有独特作用。这种独特的运动文化促使越来越多的高校开设定向运动课程,让更多学生能够跻身大自然在快速奔跑闯关打卡中享受乐趣,增强体质,健全人格,锤炼意志。

给广大学生提供丰富多彩,融健身性、知识性、趣味性为一体的定向课程资源,让学生全面了解定向运动的作用和价值,学会如何在野外环境辨识方位、选择最佳路线、快速抵达目的地,养成户外运动习惯,在未来生活与工作中更有为,是本教材编写的出发点和指导思想。

本教材注重课程思政的融入,将富有素质教育内涵的史实故事融入方向判别或路线选择等教学情景及实践环节中,有利于学生感悟体育育人的作用,使定向运动成为学校开展思政教育的良好载体;注重理论与实践结合,重视教材的科学性、先进性和应用性,从定向运动基本理论和技能应用出发,参阅大量国内外相关最新资料,结合大学生身体素质和接受能力,详细讲述定向运动的起源与发展、基本知识、基本技能和专项训练及赛事组织,使运动文化的学习同体育能力的培养有机结合起来;注重教与学的共同促进,单独成章的技能训练与实践部分有教学设计和测验方案及相应的练习方法,分级讲述定向运动技能的实践与应用,易于分层教与学,专项身体素质练习针对性强,突出项目特点与青少年身心发展之间的内在联系,将定向运动的项目特点与运动健康促进相结合。

本教材不仅能满足大学生的体育课程学习需求,还适用于专业运动员、教练员和体育教师进修学习和培训。通过学习本教材,可以掌握定向运动基本理论和实践方法,结合户外实践模式,初步具有绘制定向运动地图与竞赛组织能力,为今后开展定向运动教学、参与大型赛事打下良好的理论和应用基础,有望在户外体育推广和健身指导中担当重要角色。

本教材编写成员均为一线教师,有着丰富的定向运动教学与实践工作经验。全书共六章内容,以下为各章节的编写分工:孟昭莉、王健壮负责第一章至第三章;傅鹤宇负责第四章;刘健松负责第五章和第六章;全书由孟昭莉统稿。编写成员在进行了充分讨论,广泛征求各方建议后,以集体智慧精心打造了这部教材。本教材的出版得到了大连理工大学体育与健康学院、大连理工大学出版社的大力支持,同时辽宁科技大学苏庆永教授、大连飞越体育发展有限公司的刘永安先生为我们提供了宝贵资料和建议,开拓了我们的视野,在此一并表示衷心的感谢!

由于编写者水平及所掌握的资料有限,书中难免存在一些欠妥和疏漏之处,恳请同行专家和广大读者给予批评指正。

编 者

2024 年 12 月

目录

第一章 定向运动概述 ... 1
- 第一节 定向运动的起源与发展 ... 1
- 第二节 定向运动的分类、比赛形式与特点 ... 5
- 第三节 定向运动的价值与作用 ... 11

第二章 定向运动基础知识 ... 17
- 第一节 定向运动的器材与装备 ... 17
- 第二节 定向运动的地图 ... 25
- 第三节 地图上的等高线 ... 33

第三章 定向运动基本技术与技能 ... 46
- 第一节 读识地图 ... 46
- 第二节 定向与定位 ... 50
- 第三节 快速行进 ... 57
- 第四节 线路选择 ... 64
- 第五节 捕捉检查点 ... 69

第四章 定向运动技能训练与实践 ... 72
- 第一节 初级技能训练 ... 72
- 第二节 中级技能训练 ... 86
- 第三节 高级技能训练 ... 94

第五章 定向运动专项素质练习 ... 98
- 第一节 定向运动专项身体素质 ... 98
- 第二节 定向运动的心理素质培养 ... 132
- 第三节 运动损伤的防治 ... 136

第六章 定向运动竞赛组织与实施 ... 145
- 第一节 定向运动竞赛组织 ... 145
- 第二节 定向越野赛事实施 ... 155

参考文献 ... 160
附 录 ... 161

第一章 定向运动概述

定向运动最初是一项挑战智能和体能的军事体育活动,后来逐步发展为人人均可参与的体育运动项目。"定向"的意思是在地图和指北针的帮助下,越过不被人所知的地带,是一场"地图和指北针的游戏"。

定向运动是运动员借助一个指北针和一张详细精确的地图,按组织者规定的顺序到访地图上所标示路线中的各个点标,选择自己认为的最佳路线直到终点,以用时较短者为优胜。定向运动通常在森林、郊外和城市公园里进行,也可在大学校园里进行,具有促进身心健康的天然属性,需要参与者时刻专注和感知自己的位置,培养专注力。比赛中点标与点标之间的路线并不固定,参与者必须自我做出最合理的选择,明确目标再出发,培养目标感。展现各种路线选择的能力以及借助于地图和指北针在复杂地形中快速辨明方向,并以最快速度按顺序到达目的地的能力便是定向运动的精髓所在。

第一节 定向运动的起源与发展

一、起 源

定向运动起源于19世纪末20世纪初。那时,在欧洲北部斯堪的纳维亚半岛广阔而崎岖的土地上覆盖着一望无际的森林,散布着无数的湖泊、城镇、村庄。当时人们的交通线路主要是隐现于林中湖畔的那些蜿蜒小道。在这种地理环境中生活的人们,要比生活在其他地方的人更加需要地图与指北针,否则,很难穿越莽莽山林。那些经常出没于斯堪的纳维亚半岛山林,具备较强的在山林中辨别方向、选择道路和越野行进能力的军人便成了开展定向运动的先驱。

定向运动最初只是一项军事体育活动,第一届正式的定向运动比赛于1895年在瑞典和挪威联合王国的军营中举行。1897年10月31日,在挪威首次开展了面向民众的定向运动比赛,当时参赛的人数仅有8人。到了20世纪初,定向运动从挪威逐渐销声匿迹,却在瑞典逐步得到重视。1918年,瑞典一位名叫吉兰特的童子军领袖组织了一场"寻宝游戏"活动,引起参加者的极大兴趣,这便是定向运动的雏形。1919年3月25日,在瑞典首都斯德哥尔摩南部纳卡的林中举行了一场定向运动比赛,当时参赛人数已达217人。这一次影响深远的定向运动比赛,其组织模式及规格标志着定向运动作为一项独立的体育项目,结束了最初的长期探索阶段。因此,时任斯德哥尔摩体育联合会主席的吉兰特,由于对定向运动富有创意的领导和对这项运动的伟大贡献,被人们称为现代"定向运动之父"。定向运动的英文"Orienteering"也是由瑞典语"Orientering"转变而来的,其原意是借助地图和指北针,穿越未知地带。

20世纪初至今,瑞典王室一直是定向运动最忠实的支持者,众多政界要人,乃至商业巨头、媒体名流都曾经是定向运动的积极参与者。瑞典所有学校学生及军队服役人员都必须学习定向运动,定向运动作为一门必修课程,是教育和训练的一个重要组成部分。在瑞典不到800万的人口中,就有约18万名定向运动员和约20万名业余爱好者。瑞典全国拥有700余个定向运动俱乐部,每年至少举行一千场次正式的定向比赛,每次参赛人数都成千上万,最多时可达4万多人,其频率高达平均每天3场。对许多瑞典人来说,参与定向运动就是积极生活的标志,而瑞典也成为现代定向运动的发源地。

二、发展

到了20世纪30年代,定向运动已在瑞典、挪威、芬兰和丹麦等国有了较好的发展。1932年举行了第一次世界定向运动锦标赛。1943年,驻扎在英格兰的挪威军队将士将定向运动介绍给了英国。1946年,美国童子军引进了定向运动。在随后的20年间,定向运动相继进入加拿大、澳大利亚、法国等国家。从此,定向运动在西方国家得到了蓬勃发展。为促进定向运动在全世界更好、更快、更健康地发展,1961年5月,国际定向运动联合会(International Orienteering Federation,英文简称IOF,中文简称"国际定联")在丹麦首都哥本哈根成立。在成立大会上确定了正式比赛项目,制定了一系列的比赛规则与技术规范。国际定联的成立,标志着定向运动进入崭新的发展阶段。

国际定联作为世界定向运动的行政实体,在1977年成为国际奥委会承认的"世界单项体育组织",并长期得到国际奥委会的精神支持和物质资助。国际定联还是"国际世界运动会协会(International World Games Association,IWGA)""国际单项体育联合总会(General Association of International Sports Federations,GAISF)"的成员。从2001年起,定向运动成为世界运动会(The World Games)的正式比赛项目。定向运动也是国际军体理事会(International Military Sports Council,CISM)的正式比赛项目之一,每次举办的比赛都能吸引众多成员国的军队派出代表队参加。

2004年,国际定联将定向运动定义为一项参赛者借助地图和指北针,在尽可能短的时间内到达若干个被分别标记在地图上和实地中检查点的运动,定向运动的参与者可以是个人,也可以是由两个人以上组成的队伍。

中国最早引进定向运动的地区是香港。1979年3月,香港的定向运动爱好者在各界人士的支持下成立了"香港野外定向会(HKOC)"。在内地,定向运动按国际标准正式作为一项体育活动和比赛项目开展是在1983年。20世纪70年代末,中国体育报刊刊登了一些介绍国际定向运动的文章,定向运动特有的锻炼价值和实用意义逐渐引起了国内体育和军事部门的注意,中国人民解放军把定向运动列为军队常规训练科目之一。1983年

3月10日,解放军体育学院首次在广州白云山组织了一次定向越野实验比赛。此后,其他一些军事院校也相继举办了定向运动比赛。同年7月,北京市测绘学会在举办青少年夏令营时,组织100多名15~17岁的中学生在密云进行了一次定向越野比赛,受到营员们的欢迎,激发了大家对定向运动的极大兴趣。

进入20世纪80年代中期,在中国开展的各类定向运动比赛逐渐增多。1985年9月29日,深圳市体委在解放军体育学院的协助下,与香港野外定向会共同举办了首届"深港杯野外定向85比赛"。1986年是国际定联成立25周年,在这一年的1月中国举办了几项重要定向运动赛事。1月1日,中国人民解放军长沙地区军队院校协作区在广州组织了"首届定向越野比赛";1月1—5日,香港举办了"亚洲及太平洋地区定向越野锦标赛";1月7日,深圳市体委与香港野外定向会在深圳岗厦地区联合举办了"深圳国际野外定向86友谊赛",来自亚洲、欧洲、拉丁美洲、大洋洲等地区的近20个国家和地区的运动员参加了比赛,香港、深圳、广州、长沙、桂林等城市派队参加了这次国际友谊赛,并取得了令人满意的成绩。1992年7月,国际定向运动联合会批准中国以"中国定向运动委员会"的名义加入国际定联,成为该组织的正式会员国。1994年9月,在北京市怀柔县举行了首届"全国定向运动锦标赛",成为中国举办的第一次全国性正式比赛,并确定为以后每年举行一次。这些赛事扩大了定向运动的社会影响,培养了一批骨干力量,积累了相应的组织活动与比赛经验,为中国进一步推广和发展定向运动打下了良好基础。1995年,在吉林省吉林市举行了首届全国大学生定向锦标赛。1995年12月,"中国定向运动协会"(简称"中国定协")在北京成立,英文名称为Orienteering Association of China(OAC)。中国定向运动协会为了积极推动定向运动在国内的发展,每年在全国范围内组织"全国定向运动锦标赛"和"全国城市定向运动系列赛"。赛事的组织工作与国际惯例接轨,裁判规则与技术标准完全按照国际定联颁布的规范实施。比赛项目不断增设,定向越野赛、定向接力赛、山地车定向赛、山地马拉松、轮椅定向赛、滑雪定向赛、夜间定向赛等都极大提升了定向运动在国内的普及程度和爱好者的参与热情。1999年6月13日,中共中央、国务院做出《关于深化教育改革全面推进素质教育的决定》,提出全面推进素质教育。此后,定向运动就开始在全国各地加速发展起来,北京、上海、浙江、湖南、广东等省市的教育部门,把定向运动作为学校体育课程内容之一,后来在普通高校中的一些军训试点院校和部分中学也逐步推广开来。

2003年,中国大学生体育协会定向运动分会成立,作为中国大学生体育协会的分支机构之一,在中国大学生体育协会的领导下及授权的范围内开展定向运动赛事活动,成员由全国各省、自治区、直辖市教育行政部门相关人员和学校师生自愿组成,属于非营利性的全国性学生单项体育协会组织,简称中国学生定向协会(Student Orienteering Association of China,SOCN)。自此,定向运动以特有的魅力在高校中开展起来,帮助学生在体育锻炼中享受乐趣、增强体质、健全人格、锤炼意志。

2016年,中共中央、国务院印发并实施《"健康中国2030"规划纲要》,把健康摆在优先发展的战略地位,旨在满足人民对健康和美好生活的全面需求,实现健康与经济社会良性协调发展。党的二十大报告提出"广泛开展全民健身活动,加强青少年体育工作,促进群众体育和竞技体育全面发展,加快建设体育强国",把发展全民健身、加强青少年体育工作摆在更加重要的位置,提出了更加明确的要求。

三、主要国际组织与赛事

(一)主要国际组织

国际定向运动联合会,1961年5月在丹麦首都哥本哈根成立,当时只有10个国家的组织为正式会员。1977年,国际定联获得了国际奥委会承认,成为国际单项体育联合会总会成员,工作用语为英语。目前较权威的定向运动赛事均由国际定联发起组织,中国定向运动协会是该联合会的会员。该组织的宗旨是普及和发展定向运动,加强各国运动员的友好关系,推崇"奥林匹克宪章精神"。国际定联委托并监督定向运动世界锦标赛和国际比赛,为该项目制定统一的规则并监督其实施,确保会员在联合会所有活动中的自主与平等,作为最终裁决人处理定向运动中的冲突,在与之合作的其他体育组织中维护定向运动的利益。截至2018年底,其会员已发展到包括中国在内的75个国家与地区。

(二)主要国际赛事

1. 国际定向运动联合会主办及正式认可的比赛

(1)世界定向锦标赛(WOC)。世界定向锦标赛从1966年开始举办,2003年以前,每两年举办一届(1977年和1978年比赛除外)。从2003年开始,世界定向锦标赛每年举办一届。

(2)世界青年定向锦标赛(JWOC),参赛选手的年龄限定在19~20岁,始于1990年,每年举办一次,会员组织均有资格参加。

(3)世界杯定向赛(WC),始于1983年,基本上是以个人形式参加的国际赛事,设有标准距离、短距离和公园定向赛。每两年一届(非世锦赛年),所有会员组织均可参加。从2004年起,改为每年一届,作为世锦赛的选拔赛。

(4)世界元老锦标赛(WMOC)为年龄超过35岁的选手举办。只设个人赛项目,每年一届,所有会员组织与个人均可参加,每年约4 000名参赛者。设有男、女35~39岁,男、女40~44岁,男、女45~49岁等组别。

(5)世界公园定向循环赛(PWT)是每年在世界各地公园巡回举行的职业精英赛。设总奖金及总排名。只有世界排名前25位的男性运动员与前25位的女性运动员有资格参赛。

2. 其他重要国际比赛

(1)瑞典五日定向赛(O-Ringen 5-days),世界最大规模的定向运动赛事。每年7月吸引世界各地约2万名男女老少定向运动员相聚瑞典。

(2)芬兰24小时接力定向赛(Jukola),世界最大的定向接力赛。每年6月在芬兰举行,有两千多支队伍在芬兰白昼地区持续比赛24小时。

(3)瑞典10公里夜间定向接力赛(Tio-mila),世界上最刺激的夜间接力赛,每年4月在瑞典举行。

(4)瑞士6日定向赛(Swiss 6-Days),中欧最大的定向多日赛,每两年举办一次。

(5)苏格兰6日定向赛(Scottish 6-Days),英格兰岛上最大的定向赛事。每两年在苏格兰举行。

(6)瑞典25人混合接力定向赛(25-Manna),世界上最大的混合定向接力赛,每年10月在瑞典举行。

(7)世界大学生定向运动锦标赛(WUOC),每两年举办一次。

(8)亚洲定向运动锦标赛(ASOC),是亚洲规模和水平最高的定向赛事,每两年举办一次。

(三)国内主要定向赛事

(1)全国定向锦标赛,始于1994年,每年举办一次,是国内级别最高的定向运动比赛。

(2)全国定向冠军赛,始于2004年,每年举办一次,是国内定向运动水平最高的比赛,对运动员参赛资格有着严格的要求。只有当年的国家集训队队员、全国定向锦标赛前10名、省锦标赛第1名,以及前一年中国定向公开赛总积分靠前的运动员才有资格报名参赛。

(3)全国青少年定向锦标赛,是目前全国青少年定向运动最高级别的比赛。每年在暑期进行为期5~7天的赛程,参赛选手年龄为10~18岁。

(4)中国定向公开赛,比赛采用分站赛形式,参赛运动员通过每个分站比赛获得积分,依据累计总分进行年度排名。比赛结合了举办地的文化、旅游等资源,是兼具竞技性与参与性的体育旅游赛事。

(5)"寻找美丽中华"全国旅游城市定向系列赛,比赛以推动"体育+旅游"为主旨,是一项将旅游资源、城市建设与体育运动有机结合的大型群众性体育赛事。

(6)全国学生定向锦标赛,由中国大学生体育协会定向运动分会主办,是面向全国大、中学生举行的定向运动比赛。

第二节　定向运动的分类、比赛形式与特点

一、定向运动的分类

按照运动模式,国际定联将定向运动项目划分为徒步定向、滑雪定向、山地自行车定向和选标定向4种形式。

1. 徒步定向(Foot Orienteering)

徒步定向又称定向越野,是各种定向运动类型中组织方法较简便、开展最为广泛的一种(图1-2-1)。由于它最能考验个人识图用图、野外选择路线和奔跑能力,因此适合男女老幼参加,无论是年幼的儿童还是超过80岁的长者,都可以在同一场地上享受竞技的快乐,是适合每个人的运动。为增加比赛乐趣,也可以在判定比赛成绩的方法上有所区别,例如,可以分为个人跑计个人成绩、个人跑计团体成绩或个人跑计个人与团体成绩等。定向越野是国际定联正式比赛项目之一。

图 1-2-1　徒步定向

2. 滑雪定向(Ski Orienteering)

滑雪定向也是国际定联的正式比赛项目之一,目前在东欧国家十分流行。许多高山滑雪运动员、越野滑雪运动员同时又是滑雪定向的高手。滑雪定向也可以按个人、团体或接力比赛形式进行。它与个人徒步定向的主要区别是选手需要使用非机动的滑雪装备(图 1-2-2),供比赛用的滑道则需要使用摩托雪橇提前开辟。同一比赛线路上的滑道通常不止一条,以便选手自行选择更有利于自己的滑行路线。

图 1-2-2　滑雪定向

3. 山地自行车定向(MTB Orienteering)

山地自行车定向是选手们骑着山地自行车疾驰的定向运动,是集定向运动和山地车运动于一身的体育运动。它需要的场地比徒步定向略大,区域内的大小道路要能构成网络,以便选手骑行。由于不便频繁看图,山地自行车定向的选手比徒步定向的选手更需要培养地图默记能力,同时,还需要具有在复杂的地形上熟练运用山地自行车的技术(图 1-2-3)。

图 1-2-3　山地自行车定向

4. 选标定向(Trail Orienteering)

选标定向(又称轮椅定向)原来是专为残障人士特别设计的定向运动形式。基本赛法是在野外道路两侧设置若干"检查点群",即每处设有3~6个点标,选手们需要按照地图上"检查点说明"的指示,在每个检查点群中挑选出唯一正确的那个点标(图1-2-4)。这种赛法既可以让乘坐轮椅的伤残人士加入定向运动,又可以供新手进行定向基本技术的训练,同时也是一种能让所有人都饶有兴趣地参加的专项技能比赛。

图1-2-4 选标定向

二、定向运动的常见比赛形式

1. 定向越野赛(Cross-country Orienteering)

定向越野赛是定向运动的始祖,也是定向运动比赛的"模板",在其他各种定向运动比赛中都有它的痕迹,至今仍然是定向运动最主要的比赛形式。

定向越野赛线路通常包括一个起点、一个终点和一系列检查点,并在定向地图上用一连串的数字标明这些检查点,如图1-2-5所示,三角形代表起点,双圆圈代表终点,单圆圈表示各检查点。这些点在地图上是用一连串的数字标明,而在实际地形中,检查点标位置处会用一个橘黄色和白色相间的点标旗表示,它代表了运动员应该寻找的点标的正确位置。参赛者按照图上标示的检查点编号,按顺序寻找、到访,并在检查点处用组织方提供的"点签(印章、密码钳、电子点签器等)"签到,独立完成整个比赛后到达终点。因此,定向越野赛又被称为"点到点的定向赛"。

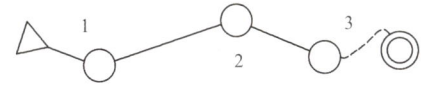

图1-2-5 地图上的路线

定向越野赛通常在丘陵林地或山林地中进行。为了也能在公园、校园、城镇等场地举办赛事,国际定联又将定向越野赛划分成三种比赛项目:除了传统的长距离赛、中距离赛,又增加了在非山林地中也能举行的短距离赛。三种距离赛事分别使用不同比例尺的地图进行比赛,并在设计线路时充分考虑各项目对参赛者的体能与技能的不同要求,进而在各项目下按性别、年龄等细分出不同的组别,以满足越来越多的人群参加定向运动的需要。

2. 接力赛(Relay Orienteering)

接力赛是体现团体间实力的最佳竞赛形式,其成绩好坏有赖于每个队员个人能力的发挥。在接力比赛中,比赛的路线被分成若干段,一般国际比赛通常分为四段,每名选手只完成其中的一段,各段选手的成绩相加即为该队团体总成绩。为便于观众欣赏各选手之间的激烈竞争,接力定向的场地必须设置一个中心站,各段选手的交接("换段")均在这里以触手方式进行,如图 1-2-6 所示。由于接力赛的观赏性较好,已被国际定联纳入正式比赛项目。

图 1-2-6　接力赛

3. 积分赛(Score Orienteering)

积分赛通常以个人方式进行比赛。它是在比赛区域内预先设置很多检查点,并根据地形的难易程度、距离远近、点的位置的相互关系等赋予每个检查点以不同分值。选手必须在规定时间内自行寻找这些检查点,以总分最高者为优胜。

4. 夜间赛(Night Orienteering)

夜间赛是徒步定向中很刺激的一种比赛形式,在视野不良的夜间进行,不仅增加了比赛难度,同时对观众和选手本人也增加了吸引力和紧张感(图 1-2-7)。夜间赛所用的器材,就是在点标上涂、贴或挂上反光材料,只要有一点光线投射到点标上面就会有反光。参赛者需要携带用于查看地图的照明设备,如微型手电筒或头戴式照明灯,也可以选择其他便于携带的照明装置。

图 1-2-7　夜间赛

5. 团队赛(Team Orienteering)

团队赛是由两名以上参赛人员组成团队,分工合作寻找分布于一定区域内的若干检查点,以团队完成时间判定成绩的比赛形式。团队赛的比赛线路中设有"必经点"和"自由点",必经点指团队中每个成员都必须按顺序到访的检查点;自由点指团队中至少一名参赛人员必须到访的检查点,团队其他成员无须到访。

团队赛采取整个团队集体出发,记录最后到达终点成员的用时为团队完成比赛时间的计时方式。一般团队成员在拿到比赛地图后需要商讨和协调分工,因此在团队赛的出发线附近通常会设有一个专门的"分图区",而且团队成员们商讨、协调分工的时间要计入比赛用时。

6. 百米定向赛(100 m Orienteering)

百米定向赛是超短距离赛的惯用名,是把原先用于游戏或初级训练的其他定向形式,如"迷你定向""球场定向"等加以提炼、改造成的最新、最时尚的定向运动比赛项目,是由俄罗斯人沙巴林最早提出并付诸实践。百米定向赛的场地通常很小,仅需百米见方,既可以在小范围的景观绿地上,也可以在一般的运动场、球场上,甚至是稍大一点的空地上举行。只不过在后两种场地上进行的话,需要人为地制造出特征物和障碍物(图1-2-8)。

图1-2-8 百米定向赛

百米定向赛具有观赏性强、技术性高、易参与、易组织等特点,能够锻炼运动员的反应敏捷性和奔跑速度。百米定向赛将定向运动的特点、基本技能表演式地呈现在广大观众和各种媒体的面前。如果配上现场解说与流行音乐,会使比赛显得既酷又炫,有利于定向运动的推广。因此,百米定向已经被列入我国的一些大型、正规的赛事之中,也是近些年风头正劲的项目。

7. 公园定向赛(Park Orienteering)

公园定向赛是最流行的定向项目之一,有专门的公园定向运动组织,即世界公园定向运动组织(PWT)。PWT是于1995年在国际定联注册的一个专门的公园定向运动国际组织,每年在世界各地的公园举行专门的公园定向运动赛(图1-2-9),从而创造了一种全新的定向运动模式,即定向运动不仅在传统的森林、山地里进行,而且还可以在城市的公园、校园里进行,从而将世界上最富挑战性并具有神秘色彩的定向运动展现在广大群众的面前,使定向运动从原野的森林、山地走向繁华的城市。

公园环境幽雅,山水相映,树木参天,道路纵横,观众和游人络绎不绝。在公园进行定向运动,可以使这个挑战自我、征服自然的体育运动展示在广大观众面前,既便于广大观众现场感受定向运动的动感及激烈状况,又便于电视拍摄转播。近年来,公园定向运动在世界各地蓬勃开展。世界公园定向运动组织也将大多数世界循环赛设在城市的郊外及公园里进行,并且缩短了竞赛时间和路程,检查点的设置也独具匠心,世界优秀的定向运动精英汇聚一堂各显神通,整个竞赛紧张激烈。高水准的公园定向运动竞赛,增进了人们对定向运动的兴趣及了解,越来越受到群众的喜爱。公园定向运动现在已风靡全球,这项挑战智力和体力的运动征服了数以万计的观众,公园定向运动以其特有的魅力迅速发展。

图 1-2-9　公园定向赛

三、定向运动的特点

定向运动的特点是多方面的,既有其运动的自然性方面的特点,也有其作为一种社会活动而言的社会性方面的特点。

1. 自然性方面的特点

(1)运动性。定向运动顾名思义是一项运动,它与其他运动项目一样,是一种身体活动,是以人体运动的方式为主要特征进行的。科学的人体运动形式都具有特定的规律、规则与规范。

(2)智能性。定向运动是一项体能与智能相结合的运动。就智能而言,首先要有地理学、测绘学、军事地形学等相关知识以及运用这些知识的能力。

(3)环境性。定向运动通常在野外、森林、山区、公园、风景名胜区等环境里进行,这是它与在体育场馆进行的各式运动项目的一个显著区别。定向运动的比赛场地环境的特殊性是决定这项运动更能够吸引人们参与的重要因素之一。

(4)情趣性。定向运动的环境、活动与比赛的方式方法,更能激发人们的兴趣,发挥活动的趣味性,提高人们参与的主动性和积极性。

2. 社会性方面的特点

(1)游戏性。定向运动的游戏性是非常明显的。它从发展初期的瑞典童子军的"寻宝游戏"开始,直至现代各式各样的定向比赛,仍然带有很强的游戏色彩。

(2)竞技性。可以进行各种类型的定向运动比赛,其竞技性特点十分突出。进行比赛就要讲规则、争名次、决胜负,其竞争的激烈程度是可想而知的。正是这种竞争的激烈性刺激着人们向往、追求并积极参加训练和比赛,以达到乐此不疲的程度。

(3)群众性。定向运动是一项群众性体育项目,它的参加对象十分广泛,不分男女老幼、种族背景、社会地位、文化差异,都可以尽情参与、相互交流。可以说,定向运动是一项有助于广交朋友的社交性体育项目。

（4）实用性。定向运动的实用性同样也是十分明显的。定向运动最早就是军队的一种训练形式。定向运动不仅可以作为军事训练的内容，还可以作为学校体育教学的内容，城乡社会的休闲旅游项目，在地域广阔、人口稀少的地区，还是人们日常生活中必须拥有的实用技能。

第三节　定向运动的价值与作用

一、定向运动的价值

定向运动的价值可以分为健身价值、益智价值、德育价值、娱乐价值、社交价值和经济价值等6个方面。

（一）定向运动的健身价值

定向运动最突出的价值就是健身价值，它可以强身健体，增强体质。

定向运动多数是在野外进行的，清新的空气、优美的环境、茂盛的森林、崎岖的道路和复杂的地形，都带给人们新鲜感和神秘感。这种感觉会强烈地刺激人的大脑，从而提高大脑皮质的兴奋性，更有效地调动人体各器官系统的潜能。经常参加定向运动，身体会变得更加强健，人的走、跑、跳跃、跨越障碍等能力以及耐力、速度、力量、柔韧性和灵敏性等身体素质都会逐步得到提高，对自然环境的适应能力和对疾病的抵抗能力将得到增强。

（二）定向运动的益智价值

定向运动也是一种智力活动，它具有积极的益智价值。

定向运动常常是在未知或陌生的区域进行，生疏的环境和完成全部赛程的目标是一对较难解决的矛盾。参加定向运动训练和比赛时，首先要阅读地图，读懂地图上所标示的各种地貌、地物及点标的位置，并借助指北针精确辨别和判定方向，合理选择到达点标的最佳路线，然后还必须按顺序将隐蔽的点标逐个找到，这就要求具备必要的知识和技能。这些定向运动的知识和技能掌握得越好，分析、判断、应变能力越强，就越容易成为活动和比赛的强者。相反，如果在知识和技能方面存在薄弱环节，或者在分析、判断、应变方面显得迟缓，就会遇到许多麻烦，甚至失败。可见，定向运动对培养参与者独立分析问题、解决问题的能力有着独特价值。

（三）定向运动的德育价值

定向运动由于在环境、条件和比赛方法上的特殊性，在培养道德品质方面，更有其独特的作用。

任何比赛，都必须要有严格的比赛规程和规则，这对每一个人都是公平的。参加定向运动比赛时，参加者判定的方向和选择的行进路线以及对每一个点标的寻找，都来不得半点虚假和丝毫的投机取巧，成功与失败可谓泾渭分明。因此，只有发扬坚定、细致和诚实等精神才能完成任务并夺取胜利。当遇到困难时，有时甚至是在十分艰难的情况下，就要以十倍的信心和百倍的勇气千方百计地去克服。当体力不支,感到难以支撑下去时,所能选择的唯一出路是咬紧牙关、坚定信念,不断地鼓励自己,使出全身的力量,顽强地拼搏,发扬不达目的决不罢休的精神,只有坚持,才能到达胜利的彼岸。接力等项目比赛更要发扬团队精神和集体力量,尊重同伴、相互鼓励、互相帮助、协同作战等同样是不可缺少的精神和风格。除此之外,定向运动还能培养在陌生环境下的竞争意识、适应能力以及对事业的进取心、坚忍不拔的毅力、决不放弃和永不言败的精神。定向运动是一项极富有挑战性的项目,要求参加者勇于尝试从未尝试过的内容,全身心地投入,从而培养不畏艰难、勇于克服困难、战胜自我的顽强品质,在惊险刺激的体验中丰富人生经历。

(四)定向运动的娱乐价值

娱乐价值也可以称为休闲娱乐价值,定向运动能给人带来无限的快乐。

置身于山区、森林、公园、风景名胜等野外环境中,人们首先获得的是一种回归大自然的感觉,看着起伏的山峦丘陵和成荫的绿树,听着潺潺的流水和鸟鸣,呼吸着带着芳香的清新空气,都会使人顿感轻松、赏心悦目、心旷神怡。同时,定向运动的竞赛性、游戏性、情趣性和神秘性,又能给人带来别样的身心锻炼效果。当人们在开始活动和比赛的那一刻,身心会进入一种赛前状态,即心跳加速、血压升高、呼吸加深、体温上升,心理处于渴望、紧张、激奋的状态;在行进中,当参与者能精确断定方向、正确选择道路、顺利找到点标时,内心会感到一种成功的喜悦;当处于极度困难,通过自己的努力和智慧,终于找到那个设在很难想象的地方的点标时,那种激动和喜悦的心情是极其美妙的,将体会到自信和激励;当通过全身心的努力,把体能、智能、心理能力全部发挥出来,克服重重困难,最后到达终点,并取得胜利时,那种成功、激动、惊喜和满足的感觉,是难以用语言来表达的。定向运动的娱乐价值是显著的,它可以愉悦人们的身心,丰富社会文化生活,帮助人们建立健康、欢乐、文明的生活方式。

(五)定向运动的社交价值

体育比赛既是一种对抗,又是一种交流和交往。人们常说,场上是对手,场下是朋友。定向运动的比赛同样可以发挥交流、交往的积极作用。

体育比赛中的胜负、得失、成败是暂时的,但友谊是永恒的、无价的。比赛不仅能进行技艺的交流,还能进行情感的交流。诚恳、谦虚、友好,是体育比赛中促进相互了解、增进双方友谊的基础。在赛场、在场外、在宾馆、在往返的交通车上,都可以通过切磋技艺、交流经验、互赠纪念品、合影留念等方式达到增进友谊、结识朋友的目的。

参加定向运动比赛,能接触不同的人群,如观众、裁判员、组织者、志愿者、服务人员以及媒体记者等。在国际比赛中,还能与来自各个国家和地区、不同肤色、不同宗教信仰的运动员在一起交流交往,可以积累丰富的社交知识和经验,提高社交能力。

(六)定向运动的经济价值

定向运动的广泛开展,必然会带动与该项运动相关的产业和服务业的发展,其经济价值体现在:定向运动装备产品的生产与销售;定向运动场地的建设、市场开发与运作;定向运动俱乐部的建设与市场运作;定向运动带动旅游服务业(含交通、宾馆、餐饮、纪念品等)的经营和发展;定向运动对新闻出版行业的促进与推动;定向运动对赞助商和广告业的吸引力；定向运动可以吸纳一定数量的劳动者，提供一定的就业机会。

目前我国的定向运动仍处于推广和发展的阶段，其经济价值还未得到充分挖掘和发挥。随着我国经济的快速、健康、持续发展和社会不断进步，定向运动将会得到进一步的推广与普及，其经济价值也会随之显现出来。图1-3-1所示为城市定向越野赛。

图1-3-1　城市定向越野赛

二、定向运动的作用

作为一项能够使人们的体力、智力得到全面锻炼，融健身性、知识性、趣味性为一体的新兴体育项目，定向运动不仅能使参与者强健体魄，而且能培养参与者独立思考、果断处事的能力，提高他们快速反应和解决问题的能力。因此，在许多国家，定向运动被列入军队和地方院校的必修课程。

校园一般都建有围墙，校园内树木高大、密集成片，植被覆盖面广，地物较多且布局有一定规则，校舍楼宇、教学设施布局排列有序，主干道走向规范，支干道、步行小道较多，一般都与建筑等地物相连。在校园内开展定向运动，相对来讲比较安全，竞赛路程设置较短；在校园定向运动中，可利用这些熟悉的地物把握方向，确定运动路线，可以没有使用指北针的负担。校园定向运动分析判断地形、确定运动方向和运动路线一般应以地物为主，地貌为辅，在定向运动教学与竞赛组织方面，可利用现有的校园布局图，进行适当修测，印制定向运动竞赛用图，耗资少、见效快，给校园定向运动竞赛的组织带来方便。利用现有校园地图进行娱乐性定向运动，便于学生体育社团组织定向运动，吸引众多学生参与，丰富校园体育文化活动，便于电视拍摄转播，既宣传校园风貌和青春活力，又扩大定向运动的影响。

学校开展定向运动的育人作用体现在以下几个方面：

1. 提高学生识别和使用地图的能力

地图是军事指挥中不可缺少的工具，也是人们外出旅行的所需物品，能按地图行进、寻找实地位置、确定实地所在地图上的位置、确定实地的目标点是军事人员的基本功，也是人们应具备的技能。定向运动将越野跑与识图、用图找点、按图行进、按方位角行进和判定方位有机结合起来，带有很浓的军事色彩，令人耳目一新，具有很强的竞争性、实践性、实用性、知识性和趣味性。学校开展定向越野时往往要求学生掌握识别和使用地图、准确判定方位的方法,会在图上选择、判定路线,会分析研究和对照地形,具有越野行进的知识和技能。定向越野要求人们不仅要有健壮的身体和顽强的意志,而且要有战术意识,既要具有一定的地理文化科学知识,还要有一些带有军事战术性的应用能力,越野能力是这些能力的综合表现。

将定向运动引进中学的地理教学,纳入地理课外活动中,能充分调动学生学习地理的积极性,增强学生识别和使用地图的能力,丰富地形知识和军事知识,同时又可提高学生的军事技能,培养国防观念。

大学开设定向越野课,通过定向运动的学习、锻炼和比赛,大学生可以增长相关学科,如地理学、测绘学、军事地形学、植物学等的基本知识和在专业学科实践中应用这些知识的能力,学会在野外作业中使用指北针,发展思维能力,培养快速测向定位能力。

在定向运动教学中,可安排突然遭敌封锁、指北针损坏、指挥位置变化等战术情况,并增加处理情况的复杂程度。学生们为了在比赛中战胜对手,获得好成绩,需要快速动员思考,围绕提高定向越野作业速度和精度来考虑问题,可以培养学生独立分析解决问题的能力和良好的逻辑思维能力,在开发智力的同时培养学生的创新精神。可见,定向运动在培养并提高学生分析、解决问题的能力与应变能力方面有独特作用。

2. 促进学生身心素质的全面发展

定向运动作为一项体育项目,同学们在参与运动时,不但要进行长跑,而且要越过沟渠,翻越山岭,穿越森林。以往为了提高学生的耐力素质,学校通常组织长距离跑,往往会使学生感到枯燥,缺乏锻炼积极性,很难吸引广大学生积极参与,效果也比较差。通过参加定向运动,学生在山地、丘陵、湖泊、田野等自然风景之间尽情奔跑、跳跃,极大地提高了学生参与运动的兴趣,不断增强他们的耐力、灵敏性、平衡感、协调能力,从而有效地提升学生的综合素质。定向运动的趣味性使学生乐于进行长时间的耐力锻炼,角逐体力、较量智力,学生在不断判断地形和选择路线的过程中,快乐地接受野外跑训练,不知不觉提高了耐力,也磨炼了意志。当学生独立处理比赛中发生的各种问题,寻找到一个又一个点标时,当学生克服种种困难胜利到达终点时,都会产生非常强烈的成就感,这对培养学生顽强的意志力,沉着冷静、坚忍不拔和自信乐观的心理品质有着良好作用。

定向运动是一项智力与体力相结合的运动,参加各种各样的定向运动活动,既可提高体适能水平,又可以增长知识和技能,改善心理素质,提高社会化水平,增强独立解决问题的能力。比赛是根据按图找点、定点和行进的精度、速度来综合评定成绩,促使学生养成一丝不苟、认真、细致的作风。

3. 促进学生形成良好的意志品质和拼搏精神

定向运动是一项非常健康的智能型体育项目,是智力与体力并重的运动。它不仅能强健体魄,而且还能培养人独立思考、解决困难的能力,以及在压力下迅速做出反应、果断决定的能力。在定向运动教学实践中,学生需要连续奔跑几千米甚至是几十千米,一路上都要着装整齐,精神饱满,勇往直前。当他们相当疲劳时,仍要做到按照行进路线,不践踏草地,不穿越民宅,讲究礼仪。定向越野比赛的场地,往往是在荒郊旷野的山岳丛林,方圆几十里内无人居住,行人很少,可培养学生的胆略和探险精神。在定向越野比赛中,由于比赛规则限制,比赛的任务重,设置的情况复杂,客观环境条件艰苦,学生心理承受能力也可相应得到锻炼和提高。学校也可依据地域特点,将定向越野比赛安排在严寒的冬季或酷热的夏季,在参与者身体条件允许的前提下,多采用中、长距离的比赛,且使学生有一定的负重,增大体力消耗程度,从而锻炼学生的意志、耐力和体能及野外生存能力。

4. 提高学生综合素质和团队协作能力

现在的社会竞争激烈,每个人都在为学业、职业发展而紧张地学习工作,时常需要缓解压力。参加定向运动,和志同道合的朋友一起享受大自然是件非常快乐的事。在大自然中通过每一次的定向运动把握自己、释放自己,同时学会爱护自然、遵守规则。没有年龄、性别、文化、社会地位的限制,每一个参加定向运动的人都是平等的、纯粹的,都为享受自然、享受人生而来。学生们拿着指北针和地图,在郊外陌生的地域判断方向、选择路线,最终到达预定目标,再出发寻找下一个点标,继续前进,这其实就是人生路上努力前行最直观的写照。

在定向越野中,可进行单人独立作业项目,也可安排集体协同作业项目。在时间紧、任务重、地形复杂的情况下,要求学生必须配合默契,善于分析、解决问题,遇事不慌、沉着冷静,运用合理的技术和战术,做到紧张而有序,从而培养、锻炼学生协同、联合作业的能力。

定向越野比赛中的集体项目,每个学生的体质和毅力不同,但要长距离奔跑,共同完成众多任务,同一时间到达终点,这促使学生互相帮助、协同配合,从而培养学生团结协作的集体主义精神。图1-3-2所示为校园定向运动竞赛。

图1-3-2　校园定向运动竞赛

5. 提升学校体育教育的空间

定向运动作为一种新兴户外运动项目,不用太多投入,只要很少的器材,就可以充分利用校园、公园、郊外田野、森林等现有的地形条件,有效地拓展学校体育课程的内容和空间。定向运动既是竞技体育项目,又是军事体育项目,还是休闲娱乐、旅游和探险体育项目,兼具社会、政治、军事、经济、科学和健身娱乐等多方面的意义和价值,如通过举办校园定向节活动,开展文化宣传,促进旅游发展,通过定向运动普及全民识图和用图的知识,加强国防建设等。就教育价值而言,它又是一种良好的素质教育项目。例如,可以通过将"长征"等史实故事融入定向运动的路线设计和检查点设置中,开展重走长征路情景教学,通过到访以长征史实地点命名的检查点使同学们深切体会中国共产党人不忘初心砥砺前行的使命担当,传承红色基因,不断汲取奋进力量,坚定革命信仰,进行红色革命教育传承。将运动线路和检查点以中国改革开放与发展为主题,以校园定向赛的形式用别出心裁的任务环节,在点与点的选择中,践行时代新人在中国式现代化建设征程中的使命担当。将这些良好的素质教育内涵,融入定向运动的课程设计,将会使定向越野成为学校开展思政教育的良好载体。

第二章　定向运动基础知识

定向运动是运动员借助地图和指北针寻找被分别标记在地图上和实地中的若干检查点的运动。作为定向运动的初学者要进行定向运动实践，首先要了解定向运动的器材与装备，学习掌握定向运动地图和使用指北针的基本知识。

第一节　定向运动的器材与装备

不同类型、不同等级的定向运动比赛，其所需物质条件会有所不同，但地图、比赛线路、检查卡、检查点、点签、号码布，是任何赛级、赛项都不可缺少的物质条件。要参加定向运动比赛首先要了解赛会能够提供的比赛器材和需要参赛者自己准备的装备都有哪些。

一、赛会提供的器材

1. 地图

定向运动使用的地图是一种专题地图，是以普通地图为基础，但简化了普通地图区域内各种自然和社会经济现象，只显示地物、地貌等地表状况，使用点状符号、线状符号、面状符号、矩形符号以及文字符号和颜色表征地形地貌地物的分布情况、相互间的位置关系及通行性。书后附录中图1是一张省级大学生定向越野锦标赛的定向地图，图上标有比例尺、等高距、磁北线、各种地物地貌符号、图例说明和检查点符号说明等内容。

地图是定向运动最重要的器材，其质量好坏直接关系到比赛过程是否安全，结果是否公正。因此，国际定联专门为定向地图制定了《国际定向运动地图规范》，按照不同的赛事特点，分别对比例尺、等高距、符号、色彩等多方面进行了详细的规范。定向运动，尤其是高规格、大规模的比赛，必须使用符合《国际定向运动地图规范》的定向地图。初次开展定向活动或条件不允许时，可使用其他依比例绘制的地图（如普通地形图）的复制品，但要修测地图，使其尽可能与现场地形一致，如图2-1-1所示。

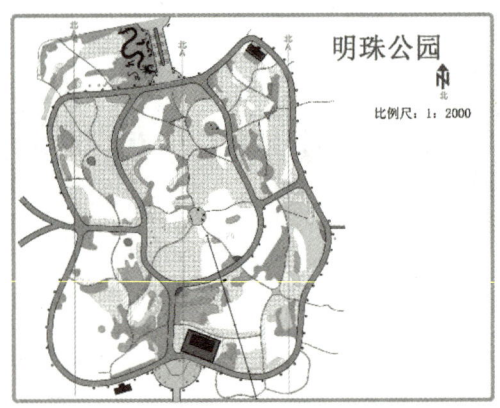

图 2-1-1　借助公园初次体验定向运动用图示例

2. 比赛线路

由竞赛组织者印刷或手绘在地图上,发给参赛者使用,由紫色系列符号构成。一条完整的比赛线路包含起点(用三角形表示)、若干检查点(用单圆圈表示)和终点(用双圆圈表示),点与点之间的自由选择线路用实线表示,必经线路用虚线表示。有的线路显示检查点用序号-代码表示,序号代表打点顺序,代码标定点签器的号码,如图 2-1-2 所示。

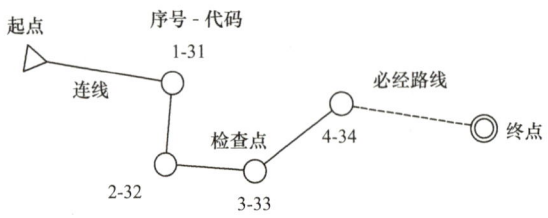

图 2-1-2　比赛线路

比赛线路中单圆圈的中心对应实地检查点的精确位置,检查点圆圈之间由直线连接,但并不意味着必须沿直线前进,而是可以自己选择行进线路,但必须按图上标明的检查点序号按顺序依次行进。只有线路标示的虚线要求运动员必须按照规定线路行进,一般赛会会用明显标示指出或封锁道路仅用于比赛。定向运动比赛线路通常设计成环形,其难度、长度主要根据参赛者的水平、比赛的预定时间来确定。下面是小型比赛常见的设计:

(1)初学者比赛:30 分钟以上(2～3 千米)、50 分钟以上(4～5 千米)。

(2)竞争性比赛:40 分钟以上(4～6 千米)、60 分钟以上(6～8 千米)。

比赛线路的距离为参考数据,因为它只是按从起点经各检查点至终点的图上最短水平距离计算的,并非实际比赛距离。

3. 检查点说明表

检查点说明表是一种以表格形式在赛前发给参赛者的一套全世界统一符号或文字的系统(图 2-1-3)。它是包含赛事名称、组别、线路距离、爬高量、起点、检查点顺序、代号、检查点地物特征、终点等信息的表格,一般印在地图的空白处,也可单独印制。为方便初学者学习使用,在地图上和线路一样用紫色表示。它可以使参赛者在进入图上的检查点圆圈对应的实地范围后,不必再为寻找点标的位置而四处跑动,以保证参赛者的主要精力和时间都用在比赛的快速行进上。

检查点说明表主要分为表头、起点说明、各检查点说明和终点说明。

表头：说明比赛名称、线路组别、线路号、线路长度和爬高量。

起点说明：说明比赛起点的位置。

各检查点说明：按检查点序号描述检查点特征，点标旗与检查点特征间的位置关系。

终点说明：指出最后一个检查点到终点的距离，及两点间是否有标记物。表 2-1-1 是对图 2-1-3 的中文解释。

各检查点说明一般以 8 列表的形式呈现，各列的定义如下：

A 列：检查点序号。除积分赛外，要按顺序到访检查点。

B 列：检查点代码。标识检查点的号码，号码是大于 30 的数字。

C 列：相似特征中的哪一个。当检查点圆圈内有 2 个及以上的相同特征时使用。

D 列：检查点地形特征。位于检查点圆圈正中心的地形特征。

E 列：外观细节。需要对检查点地形特征做进一步说明时使用。

F 列：尺度与结合。给出特征的尺寸或两个特征结合信息。

G 列：点标旗位置。点标旗和机械打卡器位于地形特征的相对精确位置。

H 列：其他说明。对参赛者有重要意义的其他说明（水站、医疗点等）。

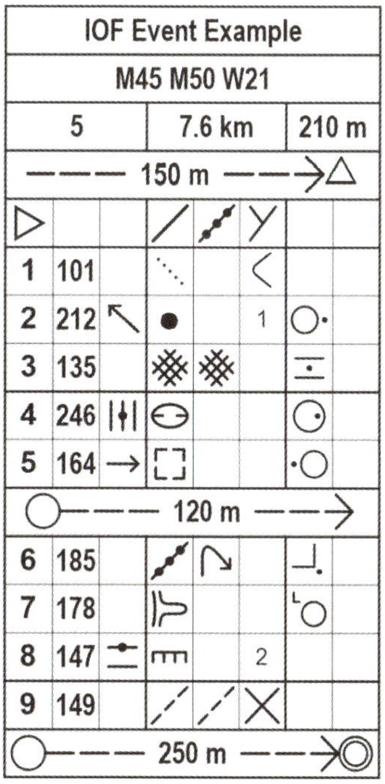

表 2-1-1　检查点说明的符号文字说明表

国际定联检查点说明示列		
组别 M45、M50、W21		
线路序号：5	线路长：7.6 km	爬高量：210 m
起点	大路与围墙的交会处	
1	101	窄沼泽的拐弯部
2	212	西北的大石头，高 1 m，东侧
3	135	两个灌木丛之间
4	246	中间的凹池，东部
5	164	东边的废墟，西侧
沿着 120 m 的栏绳通道前进		
6	185	倒塌的砖石墙，东南拐角外
7	178	山凸，西北脚下
8	147	上面的陡崖，高 2 m
9	149	小路交叉处
沿着最后一个检查点至终点的 250 m 栏绳通道前进		

图 2-1-3　检查点说明表

这些是根据国际定联颁发的一套"明确的指示检查点特征物、检查点点标与该特征物之间的相对位置关系"的符号和文字说明系统《检查点说明》(Control Descriptions)设计的，用以说明检查点点标在地貌、地物的具体位置。在比赛中，根据这一说明系统，结合地图，有助于迅速地找到检查点。

4. 检查卡和电子指卡

为了证明参赛者找到并到访了各个检查点,赛事组织者会在比赛前发给每个参赛者一种验证成绩的装置——检查卡或电子指卡。

(1)检查卡

检查卡是传统的成绩验证装置,由厚纸片制成(图 2-1-4)。这是用于配合针孔打卡器判定运动员成绩的纸质卡片,分为主卡和副卡两部分。运动员在比赛中携带主卡,并按顺序将每个检查点的点签图案印在空格中,到达终点时交裁判人员验证。副卡在出发前交工作人员留底,公布成绩时使用。检查卡的尺寸一般为 21 cm×10 cm。若规定比赛完毕必须交还地图,那么可以将检查卡的内容直接印在地图空白处,样式可自行确定。

姓名:	工作人员填写	到达	:	剪裁线	副卡 第 名	
编号:					姓名:	编号:
单位:		出发	:		单位:	
组别:					到达	:
线路:		成绩	:		出发	:
出发时间:					成绩	:
7	8	9	10	11	12	组别:
1	2	3	4	5	6	线路:

图 2-1-4 检查卡示例

(2)电子指卡

目前大多数定向比赛使用的是一种基于"电子点签系统"的成绩验证装置,即电子指卡,如图 2-1-5 所示。随着科技进步,或许这种电子指卡又会被更先进的成绩记录装置取代。

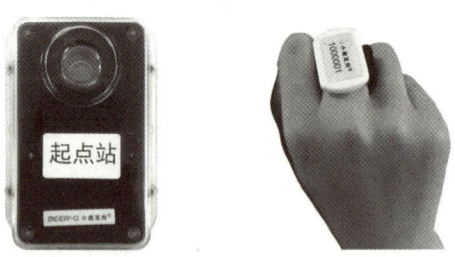

图 2-1-5 电子指卡

5. 检查点

检查点是工作人员于比赛前在比赛场地中摆放的标志。检查点位于有明显的地貌或地物特征处,并准确标记在地图上。严格意义上检查点由三个部分构成:点标旗、点签和特征物/特征点。可以用来确定要找的点,检查点代码(检查点说明表第 2 列)与实地找到的点签器号码要一致。

(1) 点标旗

点标旗是由 3 面正方形标志旗连接组成的,每面正方形小旗沿对角线分开,左上为白色,右下为橙红色,旗的尺寸为 30 cm×30 cm。点标旗样式如图 2-1-6 所示。点签上通常要编上代号,以便于选手根据代号来判断是否找到了正确的检查点。

悬挂点标旗的方法有两种:有桩式(图 2-1-6)和无桩式(图 2-1-7)。悬挂高度一般从点标旗上端计算,距地面 70~100 cm。

点标旗应悬挂在地图上标明的与检查点说明一致的特征的某一位置。当运动员看到检查点说明描述的位置时,应能看到点标旗。

图 2-1-6　有桩式点标旗和点签　　　　图 2-1-7　无桩式点标旗和点签

(2) 点签

点签是与检查点点标配合而起作用的,点签置于赛场中与之对应的检查点上,它给运动员提供一个到达该位置的凭据。传统的点签是夹钳式的,称为钳式打卡器(图 2-1-8),一般用弹性较佳的塑料制成,一端装有钢针,另一端装橡胶垫。每个钳式打卡器的钢针组合图案都不相同,这使点签可以夹出不同图案的针孔,以证实参赛者找到了对应检查点。运动员可在检查卡上打孔,也可直接将孔打在地图上的检查卡上。这种打卡器价格便宜,使用方便,适用于日常教学与训练以及一些小型比赛。

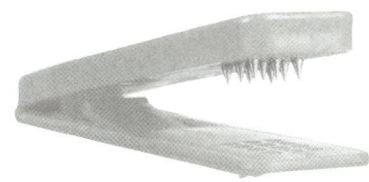 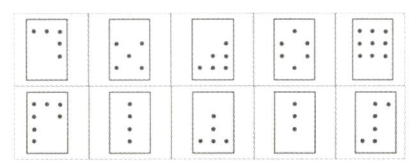

图 2-1-8　钳式打卡器及其钢针排列组合

电子式点签又被称为电子式打卡装置,是利用电子技术针对定向运动的特性所研制出来的成绩处理系统。电子计时打卡系统的应用提高了成绩计算的精准度及工作效率,为定向运动的发展注入新活力。目前在国内外的大型定向运动赛事中都采用电子计时打卡系统,使用电子计时打卡系统不仅让运动员的打卡操作变得更加容易,组织者工作变得简单,也使比赛更公平公正。德国的 SPORTident、挪威的 Emit、中国的 Chinahealth 和 LEARNjoy 都是目前知名的品牌。国际定联于 2014 年 1 月公告要求只有经其认定的电子计时打卡系统,才可在国际正式赛事上使用。SPORTident 和 Emit 的电子计时打卡系统是最早经国际定联认定的系统,中国的 LEARNjoy 系统于 2017 年 4 月也获得国际定联认证,成为当前亚洲唯一被国际定联认证的计时打卡系统。下面以 LEARNjoy 电子计时打卡系统为例进行说明。

LEARNjoy乐嘉体育电子计时设备由计时卡、点签(起点、终点、清除、主站、各分站)和终端打印系统组成(图2-1-9)。

图2-1-9 乐嘉体育电子计时设备

电子式点签被置于赛场中与之对应的检查点上,当选手在其上打卡时,将这一点的检查点编号和打卡时刻写入选手所持的计时卡,同时,点签中自动备份选手的计时卡号和打卡时刻,以备赛后有争议时进行数据比对。在使用电子计时打卡系统的定向运动比赛中,每个参赛者都发有一个系统编号的计时卡(电子表式、手腕式、指环式),它可存储开始和结束时间。点签能存储运动员到访的时间。将计时卡贴近点签孔时,打卡器便自动将到访时间写入计时卡。电子式点签的信息一旦被存储(时间约为0.3秒)就会发出滴滴两声连续的鸣响并有红灯闪烁,表示打卡完成。

在参加比赛时,运动员应将计时卡(指环卡)佩戴在手指上,并按以下程序打卡:

①打清除:清除计时卡中的原有信息。

②打起点:打起点后,比赛开始计时。

③打分站:按比赛地图上检查点标号的顺序打场地中设置在各检查点处的分站(如31、32、33、34、35……100等),每个分站可以记录8 000条运动员的过站信息,可以记录每一个运动员的过站时间,检验运动员是否正常经过检查点。

④打终点:到达终点后打终点器计时结束,比赛计时终止。一旦打卡,其他各分站不能再操作。

⑤打主站:最后将指卡中的所有记录存储,连接打印机会打印输出整个赛程的成绩。

⑥主站与电脑相连,将指卡全部信息读入电脑进行成绩统计,管理软件可自动检查成绩是否有效,并自动排列名次。

这样,运动员跑完全程后,可立即得到一份成绩单。他们不仅可以相互比较、讨论和分析比赛过程,使比赛更为有趣,也可以把自己的成绩与总成绩进行双重校对,以便进一步提高技战术水平。

(3)特征物

检查点应准确地放置在地图和检查点说明表所标记的实地位置,检查点位置应有明显的地貌或地物特征,一般将具有明显地形点的地物称为特征物,主要有:单个地物;线状地物的拐弯点、十字交叉点、丁字交会点和端点;面状地物的中心或者有特征的边缘。此外,特征物还包括具有明显地形点的地貌,主要有:山地、鞍部、洼地;特殊的地貌形态如陡崖、冲沟;谷地的拐弯、交叉和交会点;山脊、山背线上的转折点、坡度变换点。

6.号码布

当比赛的规格较高、参赛人数较多时,号码布可以用来识别参赛者的必需物品,以利于裁判工作的进行。号码布尺寸一般不超过24 cm×20 cm,号码数字的高不小于12 cm,

字迹要清晰,字体要端正。正规的比赛还要求将号码布佩戴于前胸及后背两处。

7. 北斗定位追踪系统

北斗定位追踪系统是赛会为运动员提供的安全检测装置,可提前设定限制活动范围,任何意外离开安全范围的运动员,能在第一时间收到报警提醒。运动员遇到危急情况,一键求救,即刻拨打紧急电话,开展救援。活动轨迹实时保存上传,可以实时查看轨迹记录,为运动员安全保驾护航。图 2-1-10 所示为 Chinahealth 北斗定位追踪系统。

图 2-1-10 Chinahealth 北斗定位追踪系统

二、个人装备

1. 衣裤

定向运动对服装没有特殊要求。根据经验,应选择紧身而又不影响呼吸与四肢活动的衣裤。为防止树枝刮伤和虫蚁侵袭,最好穿面料结实的长袖衣和长腿裤甚至使用护腿。专业的定向选手普遍选用一种有弹性的轻质化纤服装,能防止草籽钩粘,减少丛林羁绊,在被浸湿的情况下依然能够保持身体动作的最大灵活性,并且会很快风干。

2. 鞋

鞋的选择要求合脚、轻便、柔软而又结实。远足经验较少的,可穿旅行靴以保护脚踝,有经验的运动员可穿比赛用的运动鞋。为便于上下陡坡、踩光滑的树叶或走泥泞地和坎坷坚硬的岩石地面,鞋底的花纹最好是高凸深凹的,能牢靠地抓住所有类型的地面。

3. 护腿

护腿采用弹性面料及泡沫材料制成,防止在定向运动比赛奔跑过程中小腿被树枝等碰伤,并保护腿不被蛇、虫咬伤。图 2-1-11 所示为运动员的服装和鞋。

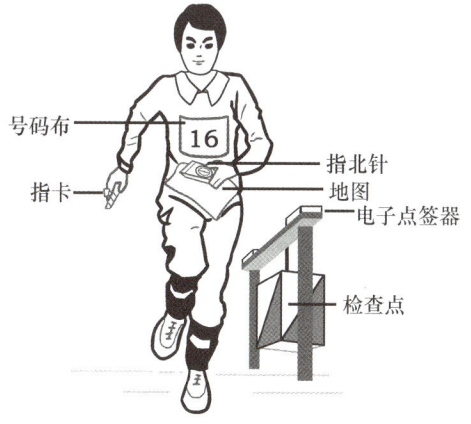

图 2-1-11 运动员的服装和鞋

4. 哨子

基于安全,哨子是运动员必备的用具。在遇到危急事件需要救助时使用,通常呼救哨声是连续 6 声,每隔 1 秒 1 声哨声,暂停等候回应,如无回应,再重复吹哨呼救。

5. 手表

如果参加夺分式定向运动比赛,应佩戴手表。

6. 指北针

指北针是定向运动中运动员唯一可以使用的合法工具,其主要作用是辨别方向、标定地图、确定站立点与目标点的方向等。定向运动中使用的指北针一般都以装有磁针的透明有机玻璃盒为主体,根据选手使用方式上的差异分为两类:基板式和拇指式。在有机玻璃盒内一般装有起稳定作用的特殊液体,能够增强磁针的稳定性,特别适宜在奔跑中使用。在选购指北针时,一定要根据自己的实践水平来确定选择什么款式和功能的指北针,并不是功能越多、越高级越好(图 2-1-12)。

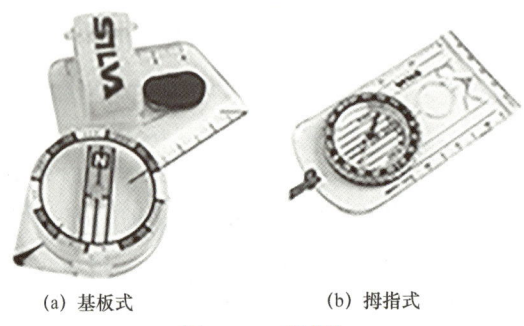

(a) 基板式　　　　　(b) 拇指式

图 2-1-12　指北针

指北针的使用方法:

(1)用指北针给地图定向(标定地图)

①将地图与指北针置于水平状态,前进方向箭头朝地图上方,与地图上磁北线平行(图 2-1-13)。

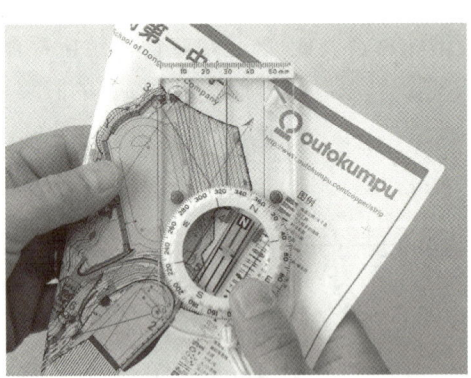

图 2-1-13　标定地图

②转动地图和指北针,使磁针北端对正磁北线。

(2)用指北针确定目标点的方向

①指北针与地图水平放置,使直尺边平行于站立点至目标点的连线,前进方向箭头朝向目标方向(图 2-1-14)。

②水平转动指北针与地图,身体也随之转动,直至指北针上的红色指针与地图上表示南北方向的指北线都和北方平行。

③这时指北针上的方向箭头所指方向就是行进的正确方向。

 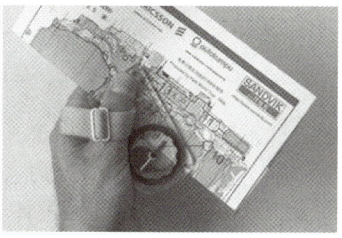 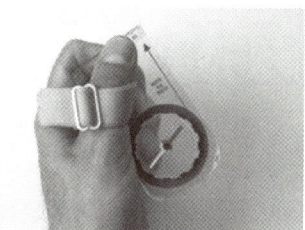

(a)步骤1　　　　　　　(b)步骤2　　　　　　　(c)步骤3

图 2-1-14　确定目标点的方向

(3)测定自己的位置

在比赛中,初学者容易忽略自己的位置。遇到这种情况时,应保持冷静,可利用地理环境及指北针找出自己在地图上的位置,再定出前往目标的线路。

(4)使用指北针的注意事项

①尽量保持指北针水平放置。

②指北针不要离铁、磁性物质太近。

③不要将磁针的 S 端与 N 端混淆,以免造成误判。

④使用前要检查磁针是否灵敏。其方法是用一钢铁物体(如小刀)多次扰动磁针,若磁针每次都能摆动并迅速停止于同一处,则表明磁针灵敏;反之则说明磁针不灵敏,该指北针已不能使用。

⑤存放指北针的时候要注意存放的位置。不要放在充满电磁效应的地方,例如音箱喇叭上面,因为喇叭上方的电磁场很强。暴晒会减弱磁针的磁性,要尽可能避免将指北针放在阳光直射处。

第二节　定向运动的地图

地图是说明地球表面的事物和现象分布状况的平面图形,一般分成普通地图和专题地图两大类。定向运动使用的地图是一种专题地图,是以普通地图为基础,按一定比例尺表示地貌、地物平面位置和高程的正射投影的平面图形。地貌是指地球表面高低起伏的各种形态,如山地、谷地、平地等。地物是指分布在地球表面上自然形成和人工建造的固定物体,如江河、湖泊、居民点、道路、水利工程建筑等。

所有对读图和选择路线有影响的因素都要在定向地图上表示出来,定向地图上的地貌、地物符号要求更准确、精细地表示实际地形中的状况,且用各种颜色和颜色符号表示不同的地貌、地物符号,以及实际地形的可通行状况,如附录图 1 所示。图上标有地图比例尺,等高距,磁北方向线,各种地物、地貌符号,图例说明和检查点符号说明等要素。

定向运动地图主要用于表示地表的地形地貌、植被、地物的分布情况及相互间的位置关系,其中各种地物地貌符号是由各种各样的符号组成的,有点状符号、线状符号、面状符号、矩形符号及文字符号,准确地表示地表的通行性和通视性,有些符号还要按类印制为不同颜色。对颜色的使用有统一规范,为便于初学者使用,以图例说明的形式印制在地图空白处。

一、地图上的比例尺

比例尺是地图上最重要的参数,是使用定向地图的要素之一。

1. 比例尺

地图上某一线段的长度与相应的实地的水平距离之比,称为地图比例尺。即

$$地图比例尺 = 图上距离 / 实地距离$$

地图的长度单位一般为厘米(cm)。如某幅地图上长1 cm,若相当于实地距离10 000 cm,则此幅地图是将实地缩小10 000倍测值的,1与10 000之比就是该图比例尺,叫作1∶10 000地图。

2. 地图比例尺的特点

比例尺是一种没有单位的比值,相比的两个量的单位必须相同,单位不同不能相比。根据使用地图的目的、要求的不同,地图比例尺大小有所不同。一般是以地图比例尺大小来衡量地图的详细程度。图幅面积相等的地图,比例尺越大,其图幅所包括的实地面积就越小,地图上所显示的实地的地形内容就比较详细;比例尺越小,其图幅所包括实地面积就越大,地图上所显示的实地的地形内容就较简略。如同样图幅面积的两个地图,若地图比例尺为1∶10 000的地图与地图比例尺为1∶100 000的地图比较,地图比例尺为1∶10 000的地图要比地图比例尺为1∶100 000的地图所显示的实地的地形内容详细。

3. 地图比例尺的表示形式

地图比例尺通常有三种表示形式。

(1)线段式。在地图上以厘米单位线段表示。如地图上1 cm代表实地100 m,则在线段上注明1 cm等于实地100 m(图2-2-1)。

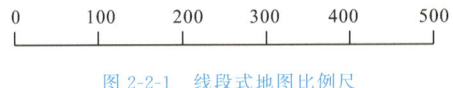

图2-2-1 线段式地图比例尺

(2)数字式。在地图上以数字比例式表示。如地图上1 cm代表实地100 m,则在地图上写成1∶10 000或1/10 000。

(3)文字式。在地图上以文字直接表示。如地图上1 cm代表实地100 m,则写成图上1 cm等于实地100 m(图2-2-2)。

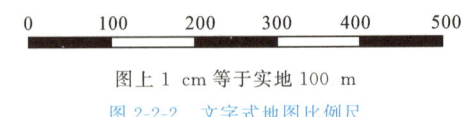

图上1 cm等于实地100 m

图2-2-2 文字式地图比例尺

定向运动竞赛地图的比例尺标注一般采用数字式,或者数字式和线段式两者同时采用。国际定联规定:定向运动竞赛地图比例尺应为1∶15 000。若为了适合当地地形表示的需要,可采用适当的比例尺,如1∶10 000和1∶20 000等。我国定向运动竞赛多采用比例尺为1∶10 000的地图。公园定向运动竞赛多采用比例尺为1∶5 000和1∶2 000等的地图。

4. 地图上估量实地距离

根据地图上两点之间的长度和该地图比例尺,可以估量出相应两实地之间的水平距

离。估量两实地之间的距离,首先要估量或测量出地图上相应两点间的距离,然后根据地图比例尺,利用公式计算出两实地之间的水平距离。计算公式如下:

$$实地水平距离 = 图上长度/比例尺$$

例如,在地图上测量出两点的长度为 2 cm,若地图比例尺为 1∶10 000,代入公式进行计算:

$$实地水平距离 = 2/(1/10\ 000)$$
$$= 20\ 000\ cm$$
$$= 200\ m$$

由此可见,地图上两点的长度为 2 cm 时,其实两地的水平距离为 200 m。

也可以熟记几种图上常用的尺寸单位与相应实地水平距离的对应关系,如:在 1∶15 000 的图上,1 cm 相当于实地 150 m;在 1∶10 000 的图上,1 cm 相当于实地 100 m(表 2-2-1)。

表 2-2-1　　　　比例尺中几种基本尺寸与实地水平距离的对应关系

基本尺寸	比例尺		
	1∶10 000	1∶15 000	1∶20 000
2 mm	20 m	30 m	40 m
5 mm	50 m	75 m	100 m
10 mm	100 m	150 m	200 m

在实际估量中,若实地地形起伏较小,在地图上量算出的实地水平距离就较接近实地距离。若实地起伏较大,则在地图上量算出的实地水平距离,必须结合地形的起伏程度进行修正。这样根据地形的起伏程度估算出的实地距离,就较接近实地的路程距离。

二、地图的符号

地图的符号是用图者获取现地地形信息的主要来源,完整准确地识别符号是正确使用地图的前提。识别符号不能靠机械记忆,而是需要了解它们的制定原则,了解符号的图形、色彩和表意之间的逻辑联系,这样才能根据符号联想到每一种地面物体的外形、特点及意义。下面介绍的地图符号是依据国际定联最新颁布的《国际定向运动地图规范 2021(ISOM 2021)》,并以 1∶15 000 比例尺的地图符号为例。

1. 符号的分类与颜色

定向地图的符号能够完整详细地表示地貌、水系、建筑物、道路、植被和境界,国际定联根据定向越野比赛的特殊要求,将定向地图的符号分成地貌、岩石与石块、水系与沼泽、植被、人工地物、技术符号、线路符号七个类别:

(1)地貌用棕色表示。地貌符号中包括表示地面详细形态的专门符号,有等高曲线、辅助符号、特殊地貌符号、高程注记、各种颜色记号等,是代表地球表面高低起伏的自然状态,在地图上标绘的曲线和记号,如图 2-2-3 所示。如山、谷、冲沟、土坎、土墙、小丘、凹地、破碎地面等,有关等高线等相关知识将在第三节中详细介绍。

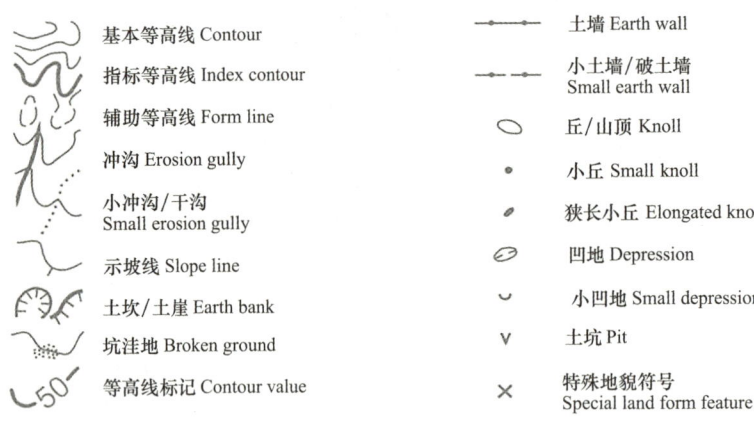

图 2-2-3 地貌符号

(2)岩石与石块用黑色和灰色表示。岩石与石块是地貌的特殊形式,它们既是读图与确定点位时最易用的特征物,又可以向参赛者表明是危险还是可奔跑的通行情况。为使它们明显区别于其他地貌符号,这类符号使用了黑色(仅岩石空地用灰色表示)。如图 2-2-4 所示。

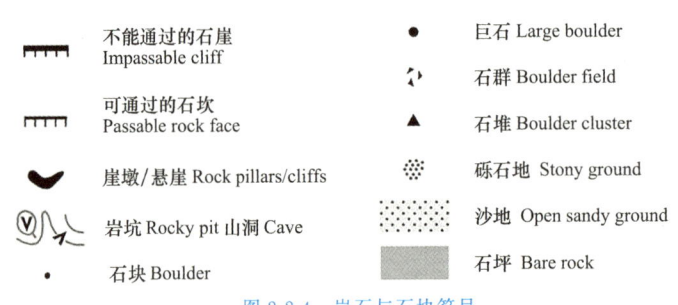

图 2-2-4 岩石与石块符号

(3)水系与沼泽用蓝色表示。这类符号包括所有露天的明水系,当伴有水生或沼泽生的植物时,可与相应的植被符号配合表示。如图 2-2-5 所示。

图 2-2-5 水体与湿地符号

(4)植被用空白、黄色和绿色表示。由于植被既能影响人的视野和运动速度,又能为在野外行动的人提供重要的特征物,因此,定向地图对植被进行了详细的区分。如图 2-2-6 所示。

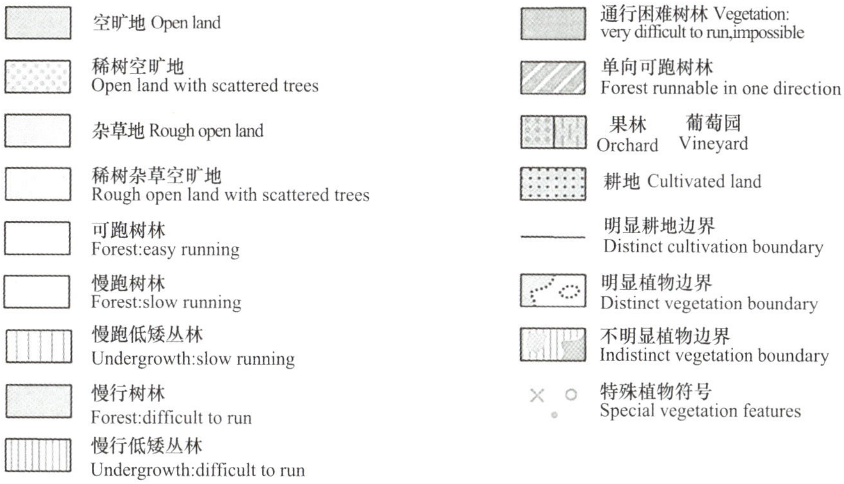

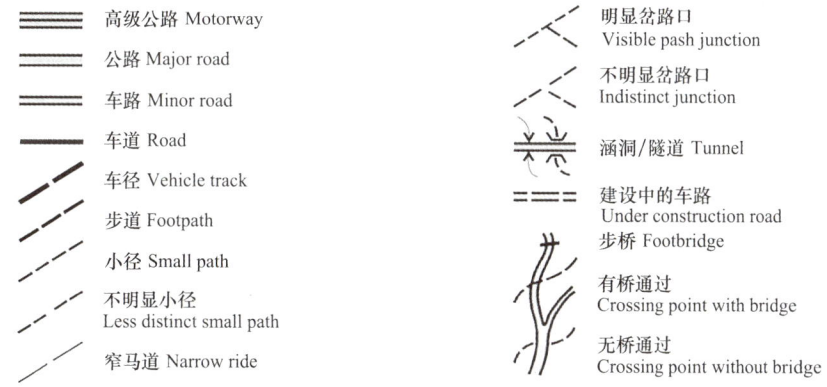

图 2-2-6　植被符号

（5）人工地物用黑色和用于显示范围的浅棕色、橄榄绿色表示。人造建筑物和主要由人类活动造成的特征物在野外相对来说都十分醒目，因此，这类符号在所有户外活动中的导航定位作用都非常明显。地物符号即代表地表面上自然形成和人工建造的固定物体在地图上的标志符号。如图 2-2-7 所示。

图 2-2-7　人工地物符号

（6）技术符号用黑色和蓝色表示。技术符号在所有类型的地形图上都有重要内容，在定向地图上主要有磁北线、地图套版线、高程注记点等。

一般而言，磁北方向标用于指示地图的北方向，始终要使地图的北方向与实际北方向即指北针所示北方向平行，这样地图所示行进方向也就与实际行进方向平行。

没有磁北方向标指示的定向地图的方位是上北下南、左西右东。图上绘有的若干条相等距离的、平行的、北端带有箭头的蓝色线条，就是磁北方向线，又称磁北线，磁北线所指的方向是地图的北方。可以利用这条线确定地图的方位，标定地图、量测磁方位角、估算距离等。

磁北线又称 MN 线，是地图上表示地磁大方向的线，它不仅可以用来标定地图的方向，确定寻找目标的方位，还可以用于粗略判明比赛线路的方向和距离。磁北线在图上用 0.1 mm 的黑色平行线或 0.18 mm 的蓝色平行线表示。在 1∶15 000 的定向地图上，两根相邻磁北线间的距离一般为 2 cm,即相当于实地距离 300 m。除非遇上重要特征物可局部中断外,磁北线在图上必须呈南北方向贯通整个赛区,如附录图 2 上显示的磁北线定向越野积分赛用图。地图上的磁北线,要结合磁北方向标使用。磁北线的主要作用是确定地图的方位,方便指北针快速标定地图等。

磁方位角也是定向越野中的一个重要参数,这一参数对确定方位有很大的帮助。在应用地图的过程中,往往需要从图上判断两点的相对位置。如果仅有两点之间的水平距离,而没有方位关系,显然无法确定两点的相对位置。而要确定两点之间的方位关系,必须规定起始方向,然后求出两点间的连线与起始方向之间的夹角,以此确定两点的相对位置。这就需要用方位角来表示,它是指从起始方向北端算起,沿顺时针方向转至目标方向线间的水平角(图 2-2-8),角值变化范围为 0°~360°。起始方向为真子午线,其方位角称为真方位角;起始方向为磁子午线,则其方位角称为磁方位角。定向地图中都以磁北为起始方向,故所用的方位角均为磁方位角。

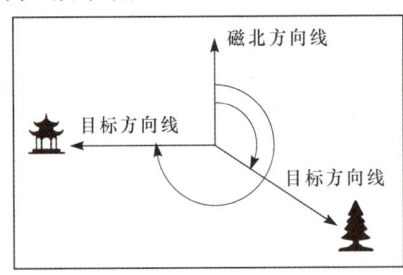

图 2-2-8 磁方位角

技术符号对所有地图都是很重要的内容,地图套版线是地图制版用的,运动员可利用它判断地图的质量。

高程注记表示某个点的高程(海拔高),运动员可利用它计算参照物的高差。

此外地图上还有图名和出版单位说明等。

(7)线路符号用紫色表示。这类符号用于表达比赛线路及其各路段上的通行、障碍、危险、保障等情况。如图 2-2-9 所示。

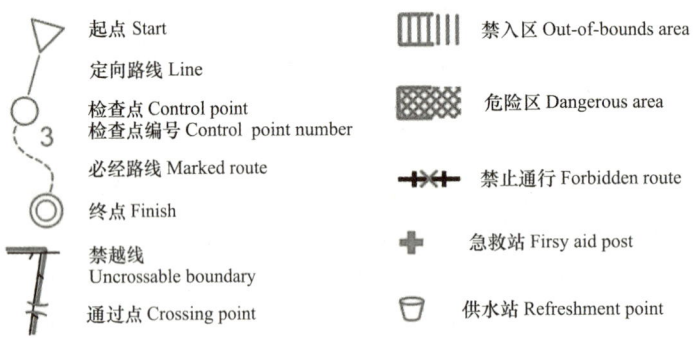

图 2-2-9 线路符号

这些符号不仅具有确定客观事物的空间位置、分布特点以及数量、质量特征的基本功能,还具有相互联系和共同表示地理环境诸要素总体特征的特殊功能。另外,为了完整而详细地表示出地形,同时又能保证定向地图清晰易读,国际定联规定了定向地图符号的最小尺寸以及它们相互靠近时的关系处理原则与最小间隔。符号的大小、线条的粗细、符号间最小距离的规定,都是以日光条件下的正常视力和当时地图印刷所采用的技术设备水平为依据制定的。

综上,在地图颜色使用上规定黑色代表所有人造物体、小路、小径、输电线、岩石、悬崖峭壁和大石头;蓝色象征任何有水的地方;黄色代表开阔地、田野、牧场或空旷区;棕色表示等高线和主干道及坚硬的路面;绿色代表植被,绿色越深,越难通过;白色表示容易通过的森林区;黄绿色是私宅区域,禁入,如民宅、私家花园或花圃苗圃;紫色指赛事临时搭建区域、禁区、线路等。

2.符号的图形特点

无论何种地物,它们在地面上的各种形状特点都可以理解为面状的、线状的和点状的。地图上各种符号的图形特点与实地地物的形状特点之间具有相似之处,并能一一对应。

(1)面状符号。这类符号在实地的面积通常较大,呈面状分布,包括树林、湖泊、河流、沼泽、建筑群等,它们用依比例尺绘制的符号或轮廓符号表示,按地图比例尺缩小后,仍能表示出其分布范围时,用面状符号表示(图2-2-10)。这种符号能表示事物的分布位置、形状和大小。依据比例尺可以在图上直接算出地物在实地的长度和面积,一般又把这种符号称为依比例尺表示的符号。

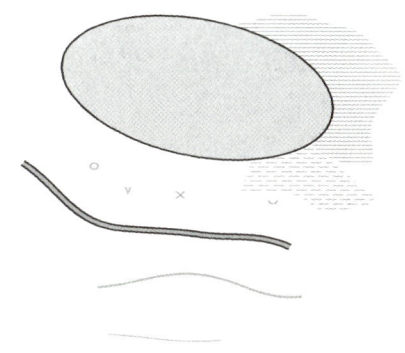

图2-2-10　面状符号示例

(2)线状符号。地面上呈带状或线状延伸的地物,按地图比例尺缩小后,长度可依比例表示,宽度不能依比例表示时,在图上用线状符号表示(图2-2-11),如道路、输电线、河流等。由于这种符号仅能表示地物的分布位置、长度和形状,但不能表示其宽度,所以一般又把这种符号称为半依比例符号。

(3)点状符号。客观事物在地面上所占的面积较小,在图上不能按比例尺表示其分布范围时,则用点状符号表示(图2-2-11),是参赛者在行进中的重要特征物,如居民点的房屋、小塔形建筑、大石块、小树等。由于它只能表示分布位置,不能表示地物的形状和大小,这类符号拥有自己的定位点,即地物在现地的精确位置,所以一般又称这种符号为不依比例尺表示的符号。

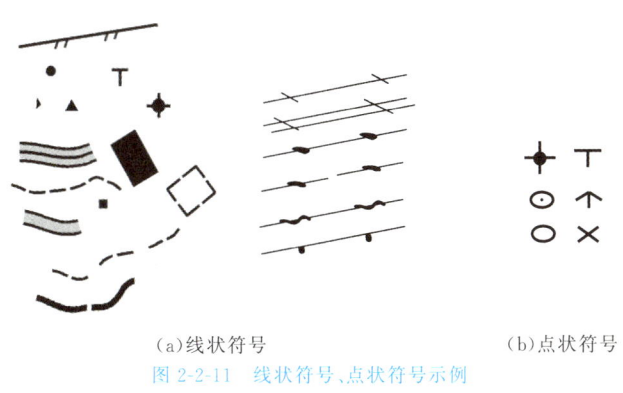

(a)线状符号　　　　　　(b)点状符号

图2-2-11　线状符号、点状符号示例

3. 认识符号需要注意的问题

在定向地图上,对于一组属性相近的地物,通常只规定一个基本符号,然后根据这些符号的不同分类,分别使用不同颜色。在识别符号时,注意不要搞混。所以,定向比赛应尽可能避免使用单色地图。

为了表示某些同类地物之间的差别,一般只将它们的基本符号做一些局部的改变或进行方向调整。在识别这些符号的时候应特别仔细,注意符号本身或其周围地形之间的细微差别。

4. 符号的构成要素

(1)符号的图形。符号的图形主要用于表示地物性质上的差别。面状符号的图形与地物的实际形状相似;线状符号的图形为不同形式的线,如双线、单线、实线、虚线和点线等;点状符号的图形多为简单的几何图形或象形图形。

符号图形具有图案化和系统化的特点。所谓图案化,就是符号图形有些类似于事物本身的形状,如图 2-2-12 所示。图案化的图形既形象又简单、规则,因而便于根据符号图形联想实际事物的形态。

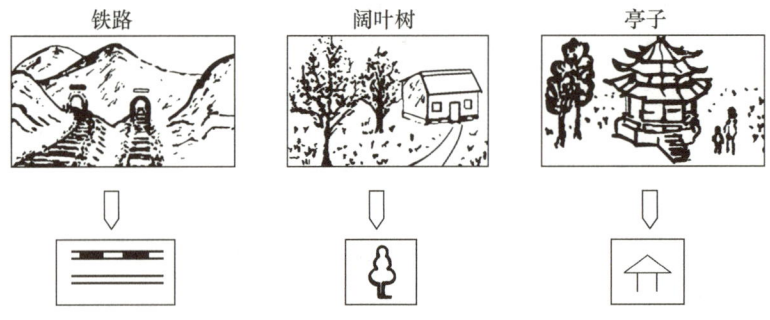

图 2-2-12　符号图形图案化示意图

符号图形系统化,是指各种符号图形具有内在的联系,通过图形的变化,可以把事物的量和质等特征表现出来。符号图形系统化表现为同类事物符号图形相类似。例如,道路一般分为铁路、公路及其他道路,分别以黑白相间的双线、普通双线及单线、虚线、点线等表示其差异(图 2-2-13)。

系统	陆上交通线		
亚系统	铁路	公路	其他道路
按主次区分	常轨 ▬▬ 双线 窄轨 ▬▬ 单线	公路 ══════ 简易公路 ──────	大车路 ────── 乡村路 ── ── ── 小路 ─ ─ ─ ─ 时令路 ········

图 2-2-13　道路符号系统化示意图

(2)符号的大小。符号的大小主要反映事物的重要程度及数量差异。一般来说,表示重要的、数量多的事物的符号大些;反之,则符号小些。

为了完整而详细地表示出地形,同时又能保证定向图清晰易读,国际定联规定了定向图符号的最小尺寸以及当它们相互靠近时的关系处理原则与最小间隔。

符号的大小、线条的粗细、符号间最小距离的规定,都是以日光条件下的正常视力和当时的印刷技术水平为依据制定的。

(3)符号的颜色深浅变化。符号的颜色主要表示事物的质量差异、数量差异和区分事物的重要程度。一般用不同颜色表示质量的差异,如用蓝色表示水系,用绿色表示植物。用同一(或相邻)颜色的深浅表示数量变化,如用深浅不同的绿色表示森林,颜色越深,则表示森林越密,越不易通过(图 2-2-14)。

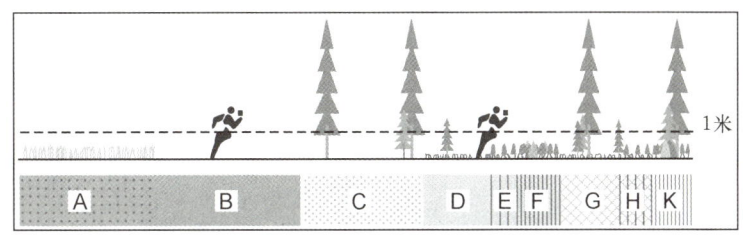

图 2-2-14　植被疏密与通行难度示意

另外,定向地图上的图例说明可以帮助读图者理解地图所表示的事物。它采用的是国际语言符号,所有符号全球通用。

第三节　地图上的等高线

定向地图是利用等高线来表示山的形态和高低起伏状态的。利用等高线,不仅可以了解地表各处的高差、地势起伏的特征,还可以根据地图上等高线的密度和图形分析地貌特征,如山脉的走向、斜坡的坡度和方向,了解哪里是山脊,哪里是山谷、凹地等,还有土堆、土坎、冲沟等,而且还可以进行高程、面积、坡度等计算。

能够熟练应用等高线图形理解地貌是从事定向运动的基础,定向地图上所有的要素都建立在地貌的基础上,并与地物形成各种关系。比如,地物的分布、比赛路线的方向和距离等都要受到地表起伏变化的制约和影响。在地物稀少的地方及森林中,地貌就是主要的甚至是唯一的行进参照物。许多有经验的运动员认为,在定向运动的激烈竞争中,只有地貌才是最基本、最稳定、最可靠的向导。要想在野外充分利用定向地图上表示的地貌,必须要理解等高线表示地貌的原理,学会运用等高线研究地貌的方法。

一、等高线表示地貌的原理

等高线是按高程测绘的,高程是地面上各点高出平均海平面的高度,即海拔,通常绘图时会以某一海域平均海平面作为高程的起算面。地面上两点间高程之差称为高差,又叫相对高。

(一)用等高曲线及其辅助符号显示地貌

等高曲线是地面上高程相等的点所连成的闭合曲线。用等高曲线及其辅助符号显示地貌的具体做法是:首先测量出地面上各个地点的海拔高度,并把它们标注在地图上,然后把海拔高度相同的各点连接起来。这个相同海拔高度的连接曲线即等高曲线,简称等高线。

1. 等高曲线法表示地貌的原理

等高曲线法是以成组的等高线表示地貌的。按"平截法",假设用一组平行且等距的平面将地面上起伏的山体从底到顶水平切开,山体外廓与平面相截会形成一组大小不等的截口曲线,每条曲线上各点的高度相等,再将这些截口曲线垂直投影到同一平面上,然后按照比例尺将其绘制在图纸上,即制成平面地形图,显示出该山的形态,如图 2-3-1 所示。

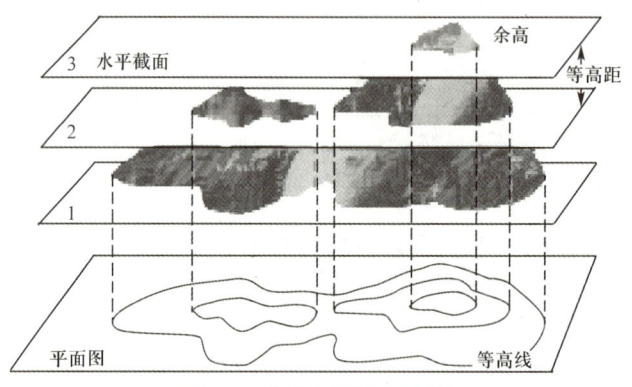

图 2-3-1 等高曲线的形成原理

如果切割山体的每个水平截面都具有各自的海拔,那么也可以说,等高线实际上就是由高程相等的各点连接而成的闭合曲线。

等高线显示相邻特征之间的高度差和位置关系,等高线标准垂直间距为 5 m(等高距,该地图为 5 m)。等高线可判断地形通行难易程度(坡陡度)和地形特征(向高处凸出为谷,向低处凸出为脊)。

2. 等高距

等高距是各相邻等高线的高程差,也就是相邻两个水平截面之间的垂直距离(图 2-3-1)。等高距的特点:

(1)等高距是以相邻的两等高线间的实际垂直距离表示的,其单位为 m。

(2)等高距的大小决定着表示地貌的详细程度。在同一地域中,等高距大,则等高线条少,表示的地貌形态就较简略;等高距小,则等高线条多,表示的地貌形态就较详细。

(3)等高距的大小要受到地图比例尺的制约。若地图比例尺小,等高距的取值也小,就会给制图带来困难。地图比例尺大,等高距的取值较大,就会增大地图的画幅。所以,一般来说,地图比例尺小,则等高距的取值就较大;地图比例尺大,则等高距的取值就较小。

国际定联规定:定向运动竞赛地形图的比例尺为 1∶15 000,其等高距取值为 5 m。我国现有的地形图,一般比例尺为 1∶10 000,其等高距取值为 2.5 m。为了适应国际定向运动竞赛的需要,我国定向运动竞赛采用比例尺为 1∶10 000 的地图时,则需将等高距修订为 5 m。在整张图上地面的坡度都比较平缓时,可以采用 2.5 m 的等高距,但在同一张图上不允许使用两种等高距。

3. 等高线的种类及其作用

等高线按其作用可分为基本等高线、加粗等高线、半距等高线、四分之一距等高线等，如图 2-3-2 所示。

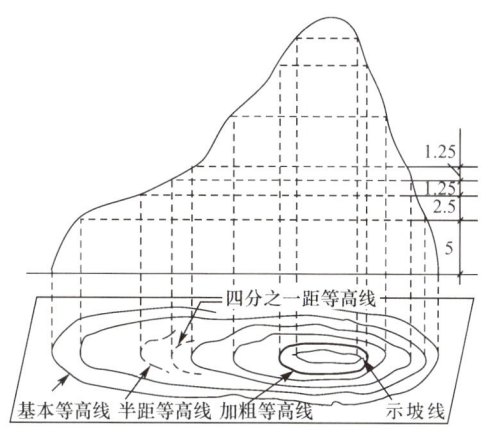

图 2-3-2　等高线、等高距和示坡线

(1)基本等高线亦称首曲线。它是地面上高程相等的各相邻点所连成的闭合曲线，用 0.14 mm 的棕色线表示，是按照地图上注明的等高距绘制的细实线，用以表示地貌形态的基本特征。

(2)加粗等高线亦称计曲线。为快速判读高度差和地貌的整体起伏，每隔四条首曲线必须绘制一条较粗的计曲线，用 0.25 mm 的棕色线表示，是地图上从规定的高程起算面开始的。其作用是便于地图上读识高程和计算高程。

(3)半距等高线亦称间曲线。它是用 0.1 mm 的棕色虚线表示，按二分之一等高距绘制的细长虚线。其作用是用以显示基本等高线不能显示的局部地貌形态特征。

(4)四分之一距等高线亦称助曲线。它是用 0.1 mm 的棕色虚线表示，按四分之一等高距绘制的细短虚线。其作用是显示半距等高线仍不能显示的更小的局部地貌形态特征。

半距等高线与四分之一距等高线都是辅助等高线。为了更详细地显示局部地貌形态特征，它们在地图上的曲线表示方式都是不闭合的虚曲线。半距等高线为细长虚线，四分之一距等高线为细短虚线。

各类等高线的线宽会随着比例尺的变化而适当调整，上述等高线是在比例尺为 1∶15 000 制图时选用的线宽数值。当比例尺为 1∶10 000 时，基本等高线选用 0.21 mm 的棕色线，加粗等高线选用 0.38 mm 的棕色线，半距等高线与四分之一距等高线选用 0.15 mm 的棕色虚线。详见国际定向运动联合会地图委员会 2019 年 1 月编纂和发布的《国际定向运动地图规范》(ISOM 2017—2)；针对短距离定向赛，中国无线电和定向运动协会于 2022 年 9 月发布了基于《国际定向运动地图规范》的《国际短距离定向运动地图规范》(ISSprOM 2019—2)第 5 版，指出短距离定向地图的比例尺应为 1∶4 000，其中仅加粗各类等高线选用 0.30 mm 棕色线宽绘制，其他线宽都与比例尺为 1∶10 000 时一致。这些均源自到目前为止最新的适用于世界各地不同地形开展定向运动的地图规范。

4. 辅助符号的特点及其作用

辅助符号主要是指示坡线。示坡线是指顺着下坡方向绘制并与等高线垂直相交的小短线,如图 2-3-3 所示。通常绘在等高线特征最明显的弯曲处,如山顶、鞍部或凹地底部。示坡线可以帮助读图者了解山的起伏,即哪里是上坡,哪里是下坡。一般,顺着示坡线的方向为下坡,逆着示坡线的方向为上坡。

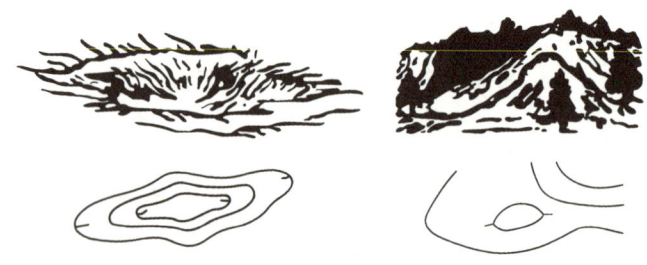

图 2-3-3 示坡线

示坡线是显示地势坡度方向的线段,必须与等高线配合使用,示坡线与等高线正交,其相交端指向上坡方向,未相交一端指向下坡方向。若等高线所形成的闭合小环圈外侧与示坡线相交,则表示凸出的山包或山头。若等高线所形成的闭合小环圈内侧与示坡线相交,则表示凹形的山头。单个小环圈内有示坡线,也可表示无水的低洼凹地。

5. 等高线及辅助线显示地貌的特点

等高线是以平面图形显示地貌的立体形态,等高线的平面图形有如下特点:

(1)显示地貌高度(图 2-3-4)。

①地图上的每条等高线都是实地等高线的水平投影,它既绘出地貌的轮廓,也表示出地貌的起伏。在同一等高线上的各个点,其所显示的实地的地势高度都相等,每条等高线都是闭合曲线。

②在同幅地图中,成组等高线的闭合曲线圈内部的(靠近圈心)等高线比外侧的等高线所显示的实地的地势高。

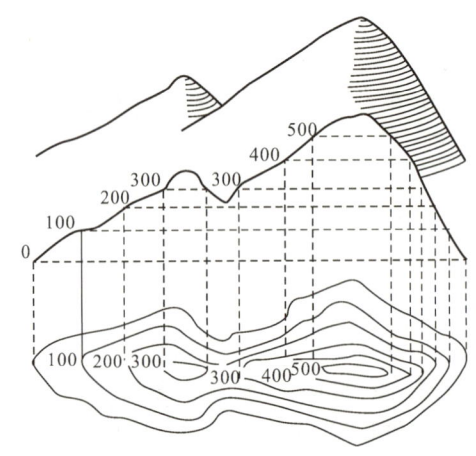

图 2-3-4 等高线显示地貌特点

③在同一幅地图上或同一等高距的条件下,有等高线的区域所显示的相应实地比无

等高线区域所显示的相应实地高。

④在同一幅地图上或同一等高距的条件下,表示山体的等高线的线条多,则显示的实地山体就高;表示山体的等高线的线条少,则显示的实地山体就低,凹地的等高线则表示深浅。若等高线条上有高程注记,还可根据等高线条数的多少计算出山体的高度。

(2)显示山体坡度。

山体的坡度即山体斜面与水平面的倾斜程度,通常以角度或倾斜百分率表示。也可以等高线的间隔估算山体坡面的倾斜角度即山体坡度。等高线以相邻等高线的宽窄显示山体的坡度。等高线间隔小,则山体陡峭;等高线间隔大,则山坡就平缓。

现以比例尺为1∶10 000、等高距为5 m的地图为例,使用经验公式估量山体的坡度。

相邻等高线间隔为1 mm时的山体坡度为27°。若地图上量得相邻等高线间隔距离为2 mm时,则实地的山体坡度为13.5°,由27°/2=13.5°获得。

若相邻等高线的间隔距离小于1 mm时,采用这种方法误差较大。

量算坡度时还应注意:求山体坡度应量取山体坡面上两相邻等高线间隔最小的地方,求山体道路坡度应量取相邻两等高线间的道路长度。

例如,估量山体坡度与山体道路坡度(图2-3-5):求图上南侧山体坡度时,应量取图上相邻等高线间的A处,再利用以上方法进行山体的坡度估算;求图上南侧山体道路坡度时,应量取图上相邻等高线间的B处,再利用以上方法进行山体道路的坡度估算。

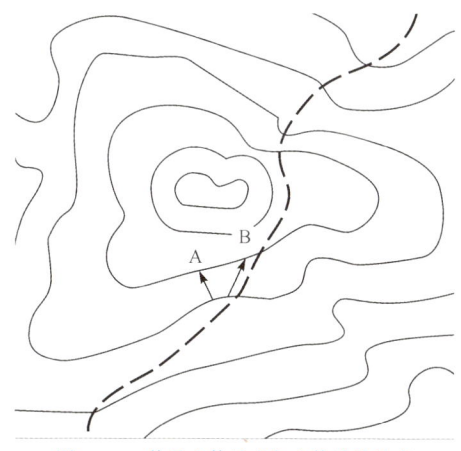

图2-3-5 估量山体坡度与山体道路坡度

在一般的地形图上附有山体坡度尺(图2-3-6),可以通过量取地形图上相邻等高线的间隔距离与坡度尺进行比较,从而估量出所测量的等高线间隔区域所显示的实地山体的坡度。

采用两脚规测量地图上相邻的五条等高线间的最近距离长度(图2-3-6),然后用这个测量的长度与地形图上的坡度尺比较,最后从坡度尺上读出所测长度的实地山体坡度。

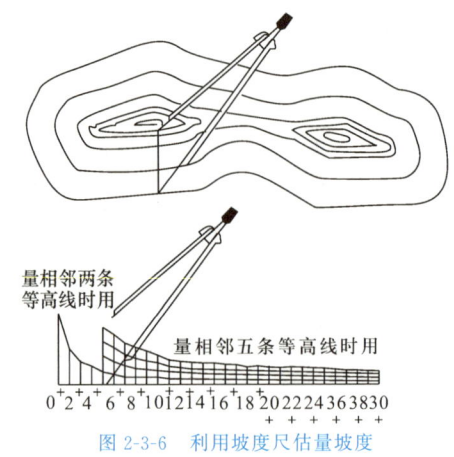

图 2-3-6 利用坡度尺估量坡度

(3) 显示地貌坡面。

从山顶或高处到山脚平地之间的倾斜面称为坡面,亦称斜坡或山坡(图 2-3-7)。在地图上以成组不同间距排列的等高线显示不同的山体坡面。归纳起来有如下几种坡面:

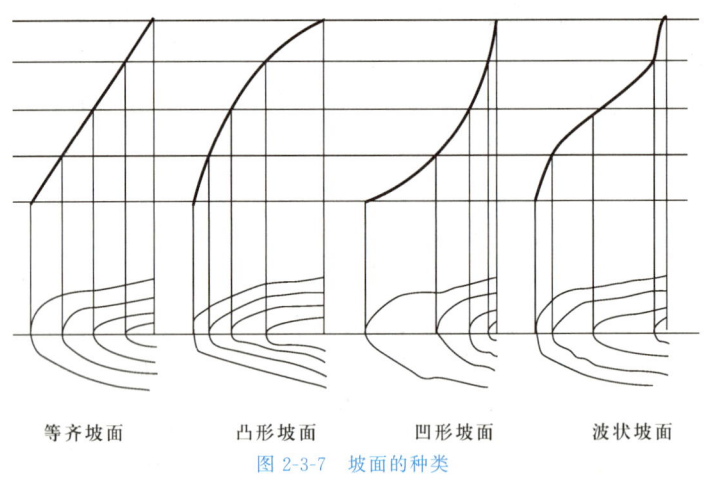

图 2-3-7 坡面的种类

①等齐坡面:即山坡的坡度基本一致的斜面称为等齐坡面。在地图上以成组等高线之间的间隔基本相等来显示等齐坡面。

②凸形坡面:即山坡的坡度上缓下陡,呈凸形斜面称为凸形坡面。在地图上以表示山顶的小环圈为中心基准,等高线内稀外密显示凸形坡面。

③凹形坡面:即山坡的坡度上陡下缓,呈凹形斜面称为凹形坡面。在地图上以表示山顶的小环圈为中心基准,等高线内密外稀显示凹形坡面。

④波状坡面:即山坡的坡度陡缓交错,形成波状的斜面称为波状坡面。在地图上以等高线的间隔稀密不均,交错杂乱排列显示波状坡面。

(4) 显示地貌外形。

等高线的曲线弯曲形状与实地的地貌外廓相似,通过等高线形状可以判断实地的地貌外形。

①山顶:地面形成高耸的部分称山,山的最高部分称山顶。在地图上以等高线形成的

小环圈表示山顶,有时在小环圈外侧绘制有示坡线表示凸出的山顶。若在显示山顶的小环圈内侧绘制有示坡线,则表示如火山口似的凹形山顶。

山顶按其外表形态可分为尖山顶、圆山顶、平山顶、凹山顶等(图2-3-8)。

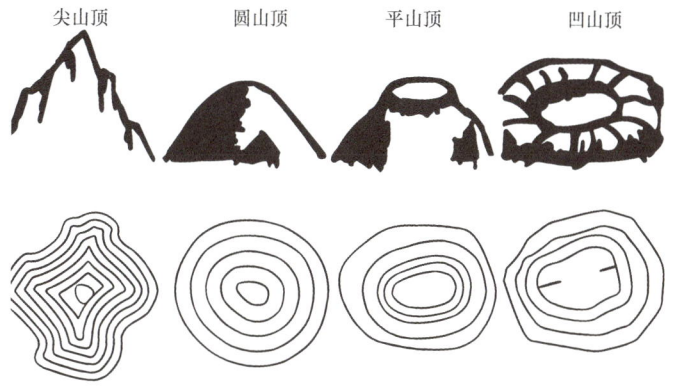

图 2-3-8　各种山顶形态

尖山顶:表示山头的小环圈小,小环圈外围的等高线较密。这种山头一般山体高峻,坡面陡峭,山质结构多为石质。

圆山顶:表示山头的环圈较圆,环圈外围等高线间隔排列较均匀。这种山头圆浑,山体低矮,坡面平缓,多为等齐坡面,山质结构多为土质。一般丘陵地域多为这类山体。

平山顶:表示山头的环圈较大,环圈外侧近处等高线较密,环圈外侧远处等高线较疏,且等高线的密疏转折明显。这种山顶犹如高耸的平台,多为大自然风化的结果,山质结构也多为土质。平山顶多处于土质高原地域。

凹山顶:表示山顶的环圈内有示坡线。这种山顶为凹形,多为火山喷发或地震形成。

②山背。从山顶到山脚的凸出部位称山背,亦称山梁。在地图上以成组的等高线向外凸出的曲线表示山背,这些成组的等高线凸出部位的顶点的连线即为分水线。山背按其外部形态可以分为尖山背、圆山背、梯山背等(图2-3-9)。

图 2-3-9　各种山背形态

尖山背:表示山背的成组等高线呈尖窄形状,山背走向尖突。两侧狭窄,即等高线顺山体走向尖突,两侧等高线间隔较小。尖山背山体陡峻,山背尖突,山质结构多为石质。

圆山背:表示圆山背的成组等高线圆浑,间隔均匀。圆山背山体低矮圆浑,山坡平缓,山背不明显,山质结构多为土质。

梯山背：又称等齐山背，表示梯山背的成组等高线呈倒矩形排列，两侧等高线间隔较小。梯山背的山背宽大，山背呈梯形，犹如平台相叠，山质结构有土质和石质。

③山谷：相邻两山背之间低凹狭窄的地方称山谷。在地图上用等高线表示山谷时，以等高线所围成的闭合曲线的凹入部分表示；成组等高线向内凹入部位顶点的连线称为合水线。

山谷按其外部形态可以分为尖山谷、圆山谷、槽山谷等（图 2-3-10）。

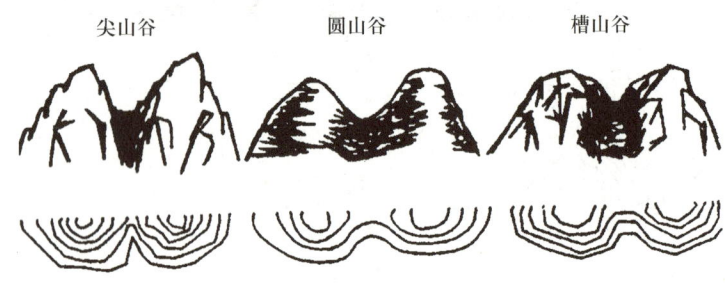

图 2-3-10　各种山谷形态

尖山谷：表示尖山谷的成组等高线弯曲呈倒 V 形，突出的两边等高线相距较近，两边等高线间隔较小，这表示山谷两侧山体相距较近，且山坡陡峭，形成这种山谷的山质多为石质。

圆山谷：表示圆山谷的成组等高线呈倒 U 形排列，形成山谷的等高线从谷底向两边展开，等高线间隔较大，相距均匀，这表示实地山谷圆浑宽敞。形成这种山谷的山质多为土质。

槽山谷：表示槽山谷的成组等高线呈马槽形排列，谷底部等高线间隔大，两侧间隔小，这表示实地山谷底部宽敞，两侧山体坡面陡峭。形成这种山谷的山质多为石质。

④鞍部：相邻两山之间的地形如马鞍状的部分称为鞍部。在地图上用一对表示山背的等高线和一对表示山谷的等高线组合来显示鞍部。

鞍部根据形成鞍部和成对山谷等高线的排列情况也可分为 V 形鞍部、U 形鞍部、槽形鞍部（图 2-3-11），其形成原理与各种山谷相同。

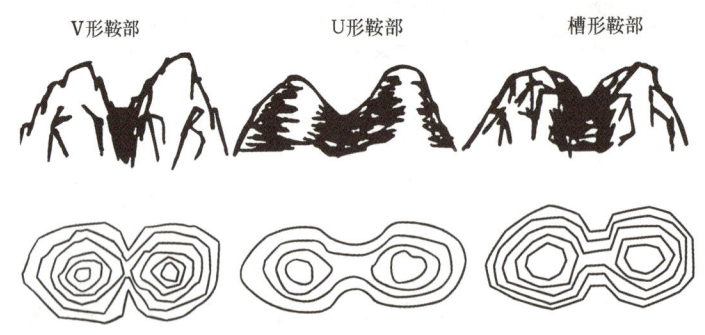

图 2-3-11　各种鞍部形态

⑤山脊：山头、山背、鞍部凸出的高处连绵相连，如同兽脊凸起的部分称为山脊。在地图上由山头、山背、鞍部凸出的高处连绵相连的曲线为山脊线（图 2-3-12）。

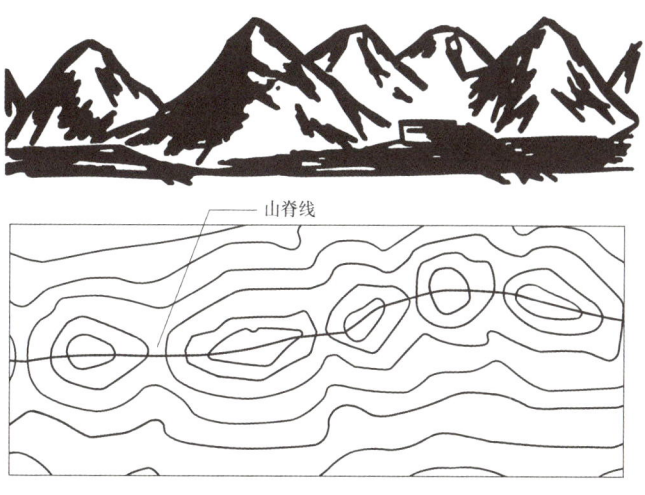

图 2-3-12　山脊和山脊线

(二)特殊地貌符号及其显示地貌的特点

地貌形态千姿百态,许多特殊的地貌形态无法用等高线表示,只能用一些特殊的地貌符号来表示,如冲沟、滑坡、陡崖、堤坝、岩峰、山洞等。

较大面积的特殊地貌则以其外轮廓按比例尺绘制,在地图上测量其轮廓,可判断大小、陡缓等。这类地貌如滑坡等。

线状特殊地貌则以其长度按比例尺绘制,用线状图形符号表示。在地图上测量其线长,可判断其长度。这类地貌如陡崖、堤坝、冲沟等。

较小的地貌则以表意形象符号表示。这些以表意形象符号表示的地貌起着定位点的作用,其定位点处于形象符号的中心位置。这类地貌如岩峰、山洞等。

(三)用颜色显示地貌,用形象符号显示地貌,用高程注记显示地貌

1.用颜色显示地貌

这是指一般常见的彩色地图以颜色显示地形的高低起伏。它也是以等高线为基础,在不同的等高线间,着上褐色、黄色、绿色等表示地面的起伏。这种分层设色,一般还附有分色高度表,以供查看。

2.用形象符号显示地貌

这是指以各种形象符号显示地貌,如山形符号表示山地分布或山的走向等。一般也与其他表示地貌的方法配合使用。

3.用高程注记显示地貌

高程注记一般与等高线、颜色符号或形象符号配合使用。高程亦称海拔高度,表示地面上某点对于基准海平面的垂直距离,其注记即为高程注记。

在地图上采用高程注记一般有两种形式:等高线上的高程注记和某点的高程注记。等高线上的高程注记其数字朝向上坡方向;某点的高程注记其数字朝向上方,即地图北方。它们的单位为 m。

(四)识别显示地域形态及局部地域的特殊地貌符号

识别地域形态主要是根据等高曲线及地貌辅助线的分布和排列特点判断山的高低、陡缓、坡度、坡面、山头、山背、山谷、鞍部等的形态以及山脊的走向等。但读识地图时,必须首先识别地域形态的大致情况,识别局部地域的特殊地貌及特殊地貌符号(图 2-3-13)。

1. 山地
山地即多山地带。在地图上以等高线密集区域显示山地。

2. 谷地
谷地即较平缓的地带。在地图上以等高线密集区域间的空旷区域显示谷地。此空旷区域等高线条少或无等高线。

3. 台地
台地即在山地上高于附近邻域地表面的平缓地区。在地图上以相邻的等高线某处间隔距离较大,外侧等高线较密,表示向外凸出的较大面积的平缓地带且外围陡峭的台式地形。

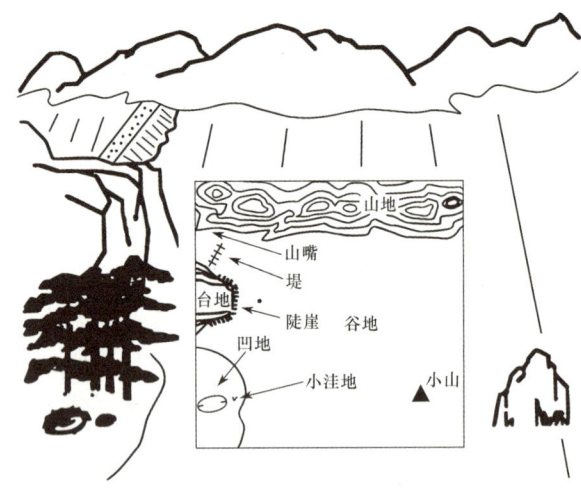

图 2-3-13 地域形态及局部地域地貌

4. 凹地
凹地亦称洼地,即中间低、四周高的无水凹地,亦称坑。在地图上以等高线的小环圈中记有示坡线表示;较小的洼地或坑,有时用 V 等符号表示。

5. 山包、丘、小山
山包、丘、小山,即高出地面的小高地。在地图上有时以等高线的小环圈表示,小的山包或小丘多采用小三角形(▲)等符号表示。

6. 陡崖、堤
陡崖是顶上平缓一边下方陡峭的条形地貌,堤是顶上平缓而两边下方陡峭的条形地貌。陡崖在地图上的表示符号为 ┯┯┯┯;堤在地图上的表示符号为 ┼┼┼┼。

总之,地貌的每一种形态都有一个独有的等高线图形,等高线上任一微小的弯曲都可以表明地貌的特征。在学习理解了等高线表示地貌的原理后,就能够很好地指导运动实践。

二、利用等高线研究地貌的方法

1. 地貌起伏的判定

学会判断地貌的起伏是对利用等高线研究地貌的最基本要求。判定地貌的起伏,也就是判定实地地貌的斜坡方向。因此,开始训练识别等高线时,首先就应该学会利用示坡线、标高点、河流走向、等高线注记和图形等,快速判明斜坡的升降方向。

(1)利用示坡线判定:顺示坡线方向为下坡,逆示坡线方向为上坡。

(2)利用河流谷地判定:沿河流(谷地)方向时,向河源为上坡,背河源为下坡;过河流(谷地)方向时,向河流为下坡,背河流为上坡。

(3)利用等高线注记:朝字头方向为上坡,朝字脚方向为下坡。

(4)利用等高线图形:山背、山垄等地貌隆起部分的等高线图形,其凸出的部分总是朝下坡方向,而山谷、凹地等的图形则相反,总是朝上坡方向。

以地貌符号特别是等高曲线描述地貌高低起伏的特点,分析判定地域地貌的高低起伏,可分清山顶、鞍部、山谷、山背及山脊的分布与走向。另外掌握地貌辅助符号的作用,按照其显示地貌高低起伏的特点也可判定地貌的高低起伏。图 2-3-14 中,1—2 表示从鞍部(1 处)向山顶(A 处)沿山背向上为上坡,2—3 表示从山背(2 处)沿同一等高线平行至山背(3 处)为平坡,3—4 表示从山背(3 处)沿山背到谷地(4 处)向下为下坡,4—5 表示从谷地(4 处)到鞍部(5 处)沿分水线向上为上坡,5—6 表示从鞍部(5 处)到山顶(6 处)沿山背向上为上坡,6—7 表示从山顶(6 处)到谷地(7 处)沿山背向下为下坡。

图 2-3-14 地面起伏的识别

2. 高程和高差的判断

高程判定是判定地面上某点的海拔;高差判定是判定地面上某两点海拔的差值。

一般地形图上有高程注记,可读出较准确的爬高量。图 2-3-15 中,A 点与 B 点在高程注记点和等高曲线上,可以读出其海拔高度分别为 82.5 m 和 105 m,A 点到 B 点的爬高量为 22.5 m。若判定点在山顶或鞍部且高程注记不明确,则以其下一级的等高曲线的高程注记加上二分之一的基本等高距作为其海拔高度。图 2-3-15 中,C 点山顶的高程为 117.5 m(115+5×1/2=117.5)。

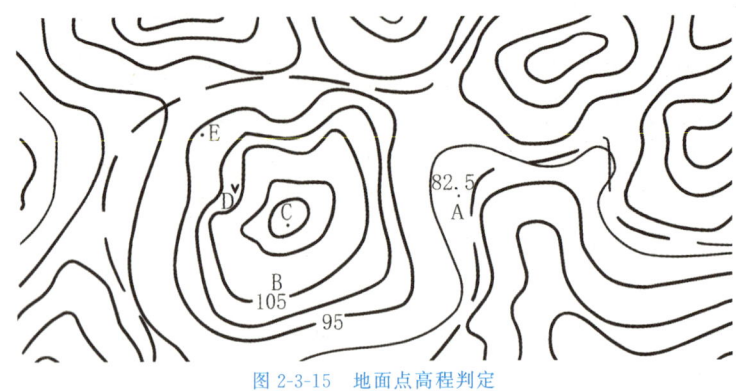

图 2-3-15　地面点高程判定

若判定点在凹地,则以基准的等高曲线的高程注记减去二分之一的基本等高距作为其海拔高度。如图 2-3-15 中,D 点凹地的高程为 97.5 m(100-5×1/2=97.5)。

若判定点在两等高曲线之间,则以其下一级的等高曲线的高程注记加上其间隔比的基本等高距作为其海拔高度。如图 2-3-15 中,两等高曲线间 E 点的高程为 96.25 m(95+5×1/4=96.25)。

另外,定向运动竞赛的组织者设计地图时要计算竞赛路程的总爬高量,可以根据各检查点的海拔高度来计算。竞赛全路程的总爬高量计算方法是:以起点海拔高度为基准高度,它与各检查点和终点海拔高度差的绝对值的和即为竞赛总路程的总爬高量。

有些原地形图上,有用这些方法显示地貌的,特别是高程注记尤为多见,所以对它们有所了解,对定向运动教学和训练是有帮助的。

3. 地面结构的判定

学习判定地貌的结构,就是要学会综合、完整地了解一定区域内地貌的相互关系和位置的方法,熟练地掌握地貌结构的判定方法,对在定向比赛中灵活自如地运用"概括地形"的技术很有帮助。

判定地貌的结构,首先应利用图中明显的高地、低地、河流、谷地等,概略判明区域总的升降方向,并弄清楚大的地貌的起伏和分布规律。然后,将主要注意力放到弄清楚地貌的结构线(如山脊线等)、特征线(如坡度变换线等)和特征点(如山顶、鞍部等)的平面位置、高度、坡度的比较上(图 2-3-16)。

对于地貌结构的判定,还可以运用粗细不等的实线和虚线、圆圈、× 等符号,在图上分别标出大小等级不同的山脊(山背)、山谷、山顶和鞍部,借此建立对地貌结构的基本概念,并由此分析研究它们对运动的影响。

总之,学习等高线表示地貌的原理,再通过练习实践,学会识图,就能够为定向运动打下坚实基础。

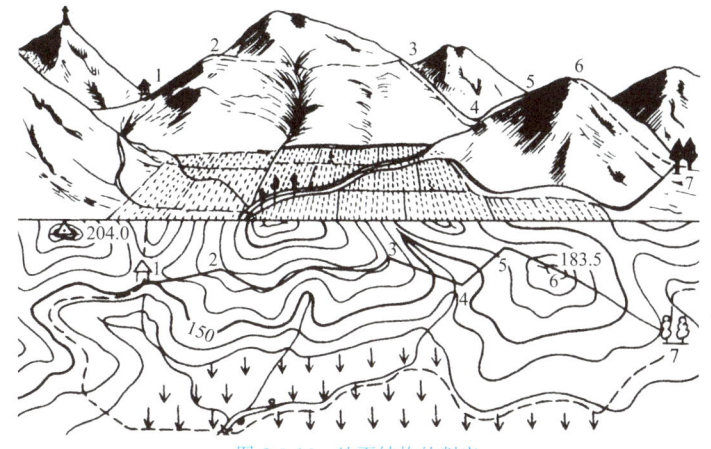

图 2-3-16 地面结构的判定

第三章 定向运动基本技术与技能

定向运动的基本技术包括运动员对定向地图的理解、对方向和距离的感知觉、对地形和地貌的认识、对地图和指北针的使用等基本技术。定向运动中的读识地图、掌握指北针性能是基础,使用地图和指北针是关键。定向运动的技能可分为概略定向技能和精确定向技能。本章将介绍读识地图、标定地图、对照地形、判定地形、正确定向、快速行进、捕捉检查点、选择路线、越野跑等基本技术与技能,以帮助同学们迅速成为定向运动的高手。

第一节 读识地图

迅速准确地读识地图是定向运动非常关键的一步,对确定站立点、运动方向和运动路线起着重要作用。从站在出发点准备出发时就应该对比赛的起点建立准确的方位感。拿到地图首先要准确读识地图、图地对照、明确自己所在的位置。

一、读识地图的一般规则

1. 要完整正确地理解定向地图

定向地图不是地面客观存在的机械反映,它是由制图人采用取舍、合并、移位、夸大、概括等制图综合方法完成的。因此,图上物体的数量、形状、大小、精确位置等与实地并非总是完全一致的。例如:

(1)在多种地物聚集的地方,只表示了对定向运动有价值的,其他地物通常不表示或只是有重点地选择表示。

(2)山背上、河岸边的细小凹凸,图上不可能全部表示,仅表示出了它们的概略形状。

(3)公路、铁路等线状地物,其符号的宽度是夸大的。地图比例尺越小,夸大程度越高,这就会引起线状地物两旁其他符号的移位,因此,这些符号的位置就不可能十分准确。

2. 要有选择地了解地图的内容

读图时不能漫无边际什么都看,而应有选择地把注意力集中在解决如何进行定向和越野跑问题的地域和内容上。可以先综合扫视一下图上的比赛地域,而后确定需要重点考查的内容,进而获取需要的信息。

3. 要对各类符号进行综合阅读

不能孤立地看待地物或地貌的单个符号,而应将它们与地貌和其他地形要素联系起来阅读。不仅要了解它们的性质,还要了解它们之间的方向、距离、高差等空间位置关系,从而明确这些因素对竞赛的综合影响。

4. 要考虑实地的可能变化

虽然定向地图的测制十分强调现实性,但由于人为或自然的原因造成地形变化是不可避免的,因此,读图时必须根据图中注明的测图时间,考虑图上表现内容落后于实地变化的可能性,制图时间决定了地图的可靠性,即地图和实地差异化的程度。一般而言,测图时间距离使用时间越久,图上与实地之间的差异就会越大。好的制图人或组织能让运动员对地图的信任度大大增加。

5. 要注意读图与记图的关系

读图时要边理解,边记忆,对在比赛中有助于判明方向与确定站立点的各种因素更加要注意。要通过日常训练和比赛逐步培养记图能力。有效读图应是这样一种能力:比赛中不必过多而频繁地查看地图就能在自己的意识中清楚地再现从图上得到的信息,并根据自己的记忆快速而准确地确定自己在图上的位置、下一步的目标、线路和方向。

6. 快速读图识图

定向地图包含很多信息,运动员拿到地图首先要尽快明确并清晰理解、熟练掌握自己所选择的线路上的相关信息,要有侧重地从地图上获取有价值的信息。如比例尺是多少?等高距是多少?是否是按国际定联的《国际定向运动地图规范》绘制的?用了哪年版的规范?按照由大到小、由重要到一般的顺序,逐一解读图内的各种地物、地貌以及各种特征。例如:

(1)比例尺和等高距。在拿到一张新的地图时,首先要了解的是地图的比例尺和等高距,这直接影响自己的距离感和爬高量。从地图最高点和最低点,了解全图的斜坡及其趋势。

(2)主要道路河流。了解以它们为分界,地形呈现的板块及其分布。

(3)主要地形线(山脊线、谷底线等)。了解等高线,即地貌的起伏规律、基本走向。

(4)植被的主要状况。通过植被的分布和类型,初步判断植被对奔跑的影响程度。通过这些可以对地图所涵盖的区域建立一个整体的、概括的认识,再逐一识别其他次要的地貌和地形特征。

(5)重点查看比赛路线涉及的区域、距离、检查点说明等技术符号。

①起点。找到起点的位置,并标定地图。

②第一个检查点。第一个检查点相对其他检查点来说更重要,它会对选手对这个图的信任度、理解程度和选手在整个比赛过程中的心理状态产生巨大的影响。因此要好好选择第一条路线。

③其他检查点。浏览其他检查点,对比较简单的检查点可以少花点时间,而把更多的时间留给地形相对复杂、线路较难选择的检查点。

④终点。若起点和终点设在一地或相距很近,应在赛前实地观察一下终点设置,即终点与其附近地形的相互关系,以便于终点冲刺。

(6)最后,将自己所在的位置与图上的起点对应上,图地对照并标定地图。

二、标定地图

标定地图就是给地图定向,使地图的方位与实地的方位一致。通过标定地图,就可以将地图上的地物地貌符号与实地的地物地貌一一对应,这样既可迅速地查看地图,了解实地地物的分布情况、地貌的起伏程度以及它们之间的相互关系,还可以帮助运动员根据地图上的线路在实地选择具体的运动线路。这一技能将贯穿整个运动过程。常用的标定地图的方法有概略标定、利用指北针标定、利用地物标定等。

(一)概略标定地图

地图上的方位是:上北、下南、左西、右东。当在实地正确地辨别方向之后,只要将定向地图平展,水平转动,使地图上方(磁北方向或极北方向)与实地磁北方向保持一致,地图即已标定(图3-1-1)。这种方法简便迅速,是定向比赛中最常用的方法。

图3-1-1 概略标定地图

实地方位是根据太阳、季风、植物等自然现象判定的。若在夜间进行定向运动,在晴朗夜晚,还可利用北极星判定实地方向。如图3-1-2所示。

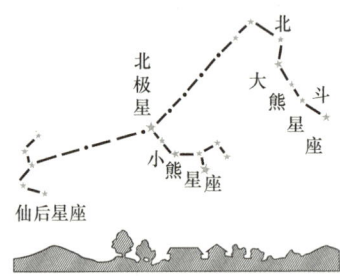

图3-1-2 夜间利用北极星辨别方向

利用北极星标定地图时,先在星空找到北极星的位置,面向北极星,平持并转动地图,将地图磁北线概略朝向瞄准北极星,地图即被标定。

(二)利用指北针标定地图

在进行地图与实地对照时,指北针能简便标定地图和确定实地方位,确保地图上的地物符号、地貌符号与实地地物、地貌之间的对应关系。在前面已经介绍过定向地图上标有的磁北线,一般用蓝色粗线条标出,箭头指向地图的上方。利用指北针标定地图时,先使指北针的红色箭头朝向地图上方,并使箭头与定向地图上的指北线重合或平行(图 3-1-3),然后转动地图,使磁针北端对正磁北方向,地图即已标定。

图 3-1-3　利用指北针标定地图

(三)利用地物标定地图

利用直长地物(如道路、土垣、沟渠、高压线等)标定地图,首先应在图上找到这段直长地物,对照两侧地形,使图与实地各地形点的关系位置概略相符,然后转动地图,使图上的直长地物与实地的直长地物方向一致,地图即已标定。如图 3-1-4 所示,手持地图的运动员站在一条明显的大路上,在标定地图时,在图上找到大路位置,转动地图,使图上大路与实地大路方向一致。再对照大路两侧地形,发现左侧为树木,右侧为草坪和房屋。这张地图已标定,从图上可知,湖泊位于地图的右边,运动场和学校位于地图的左边。

图 3-1-4　利用地物标定地图

利用线状地物或直长地物标定地图时应注意的两点:

(1)要注意线状地物或直长地物在地图上相对应的地物符号,不要被相似的地物符号干扰,特别是几条相似道路不能混淆。

(2)要特别留心线状地物或直长地物两侧地形的位置关系,切勿左右对调。

实际上,在用图过程中不可能总是在直长地物处行进,但却可以在地图上找到和实地同时存在的两个以上明显地形点,用此方法标定地图无疑增加了用图的灵活性。

(四)利用明显地物地貌标定地图

从地图上找到自己所在的站立点,可以利用明显地形点标定地图。方法是:在实地找出一个与地图上地物符号对应的明显地物,如小桥、亭子、独立的建筑等。然后转动地图,使地图上的站立点至目标的连线与实地的站立点至目标的连线相重合,即可以标定地图。如图 3-1-5 所示,选一图上和实地都有的远方明显地形点,将山顶上独立树作为目标点,再将图上站立点和该目标点连线对应上,并转动地图,使图上的桥和图上的路连线与实地的桥和路相平行,地图即已标定。

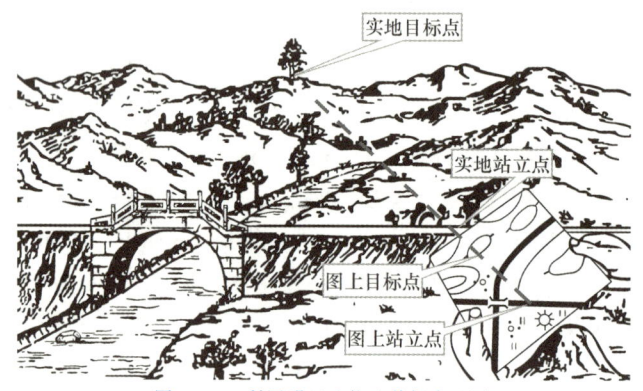

图 3-1-5　利用明显地物地貌标定地图

这几种标定地图的方法都属于概略定向,就是利用野外的地物地貌朝着大型地物特征点,或沿明显"扶手"(线形地物地貌)进行定向的技能。使用概略定向技能时,运动员可以对图上的地物地貌进行简化处理,忽略不重要的地物地貌,只需留下一些突出的对定向有用的大型地物地貌特征。在这个阶段,需要边奔跑边读地图,同时不断调整地图的方位,可不断确认周围地形,留心地形细部特征,但不要把时间浪费在核实地形上。

第二节　定向与定位

以最快的速度寻找目标点是参加定向运动比赛所追求的最终目标。要想尽快地找到目标点,首先要会辨明方向、判明方位,了解自己所在的位置,并能够在地图上找到站立点位置。在此基础上确定目标点的方向和位置,快速行进,迅速找到目标点。在这个过程中要依据地图和比赛线路,正确地使用指北针,而且行进中永远不要失去与地图和指北针的联系。

一、实地判定方位

实地判定方位是指在实地辨明东、西、南、北方向。了解实地的方位是使用地图的前提,除了利用指北针判断方位之外,可利用户外自然景观来明辨方向,如白天可利用太阳和手表来辨别方向,晚上可利用星体来辨别方向,还可以利用地物特征、建筑物、风向等判定方位。

(一)利用指北针判定方位

首先将指北针放平,待磁针完全静止后,磁针的红色一端即 N 端为北面,S 端为南面(图 3-2-1)。如果测定方位的人面向北面,则他的左为西,右为东,背后为南。

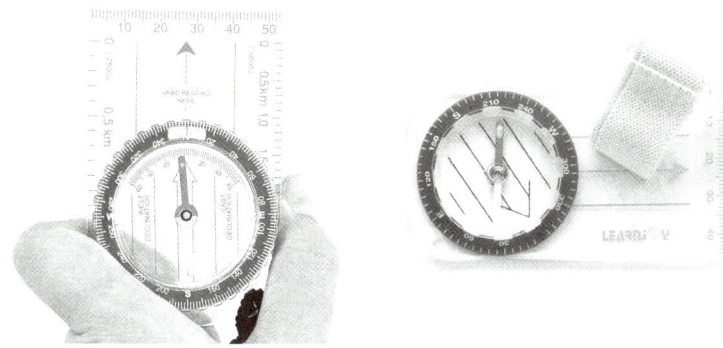

图 3-2-1　利用指北针判定方位

如果想测某一点的方位,可将罗盘上的零刻度对准目标,当罗盘水平静止后,N 端所指的刻度便是测量点至目标的方位,如磁针 N 端指向 36°,则表示目标在测量位置的北偏东 36°。

(二)利用地物判定方位

在能见到有地物和植物生长的地方,同样可以根据日常生活习惯和自然现象进行方位判定。如在北半球人们居住的房屋或用于宗教活动的庙宇大门通常都朝南开设;树木一般朝南的一侧枝叶茂盛,色泽鲜艳,树皮光滑,向北的一侧则相反;长在石头上的青苔喜阴湿,青苔茂盛的一面多为北面;积雪的融化多是朝南的一面先融化;通常墙、土堆、土堤、地埂、石块、建筑物等突出物的南面干燥,春草早生,冬雪早化,而向北一侧的基部较潮湿,夏长青苔,冬存积雪,土坑、林中空地的特征则正好相反。

(三)利用太阳和手表判定方位

晴天的时候,可以利用带有时针的手表结合天空中的太阳判定方位,但要在上午 9 时至下午 4 时,用时针对准太阳,此时手表上的时针与 12 时刻度夹角平分线所指的方向为南方,相反的方向为北方(图 3-2-2)。用手表判定方位还要注意三个因素,首先是要将手表平置,其次是在南、北纬 20°30′之间地区的中午前后不宜使用,还有要把标准时间换算为当地时间。

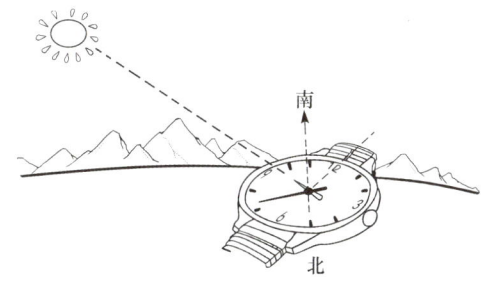

图 3-2-2　利用太阳和手表判定方位

二、确定站立点

确定站立点,就是确定自己实地站立点在地图上的相应位置,即在地图上找到自己所处的位置。确定站立点是从事定向运动首先应该掌握的一项基本技能。一般是通过对照地形即实地对照,将地图与相应实地的地物、地貌进行逐一对照,然后确立自己所在的位置。

对照地形、确定站立点和目标点三者是相互依存的关系。通过对照地形,可以确定自己的站立点和目标点;知道了站立点和目标点的图上位置,可以提高对照地形时的速度与精确程度。同时,知道了站立点在图上位置,便可以确定目标点;反之知道了目标点的图上位置,就可以确定站立点。其中,重点是站立点的确定,但由于三者可互为条件,便没有固定的先后顺序,可根据实际灵活运用。

(一)先明确站立点,后对照地形

先明确站立点,是指已知站立点,通常会在以下几种情况出现:在进行定向运动训练和比赛时,出发点(出发时的站立点)已经在地图上标明;在运动中参加者已经明确站立点。后对照地形,是在站立点已知的前提下对照地形。

在初次进行野外地图与实地对照训练时,应利用"先明确站立点,后对照地形"的方法,先进行控制参考对照,可对照大而明显的参考点,如较明显的鞍部、较高的山顶、明显的地物与大的山背山谷等,根据这些参考点所在地图上的相互位置,从而确定其实地的相应位置。这样可提高对照的精确程度和读图速度及扩大参考对照的范围。具体方法可采用直线法。如图3-2-3所示,起参考作用的有山顶、铁塔、独立树和大路等。在进行参考对照时,要准确地确定图上这些参考点的实地位置,在已经标定地图的基础上,用指北针直尺边切于图上站立点,并依次通过每个参考点向实地瞄准,在直尺边的延长线上,根据站立点与每个参考点的距离和周围地形特征,可在实地找到这些参考点。要确定实地这些参考点的图上位置,可用指北针直尺边切于图上站立点,分别向实地各参考点瞄准并画方向线,目测站立点至参考点的实地距离,依照比例尺并根据控制点的地形特征,即可确定它们在图上的位置。

在参考对照的基础上,再进行细节对照。进行细节对照时,以参考点为准进行分片对照;也可以由左至右、由近至远或由右至左进行对照。这时对照的重点是地貌,根据图上等高线弯曲的形状、间隔距离,结合等高线显示地貌的原理与特点,与实地地貌进行分析比较,反复验证,使地图上的标志物与实地逐一对应。

图 3-2-3　先明确站立点，后对照地形

对照地形时要注意：地图在绘制的过程中，会进行适当的删减，那些细小而又没有用处的地物会被省略，不要因细究那些不重要的细节而浪费时间和精力。同时，由于在定向运动训练时，一般都使用非专用定向越野图，这种地图大都测绘制图时间早，虽然实地地貌与地图差异不大，但地物变化大。因此，对照地形时要综合分析，以对照地貌为主。而且，地貌对照是对照地形的难点，只有把主要精力放在对照地貌上，才能收到较好的效果。

（二）先对照地形，后确定站立点

这里所说的"先对照地形，后确定站立点"，是在站立点不明确的情况下，通过对照地形来确定自己的站立点。如在对照地形有一定基础后，让运动员通过对照地形来确定站立点；又如在实地运动（包括平时训练与实际比赛）中迷失方向时，也要通过对照地形，才能确定站立点，明确运动方向与运动的具体路线。其主要方法是，通过标定地图，将地图与实地的地物、地貌进行逐一对照，来确定自己的方位。如图 3-2-4 所示，站在山背上的运动员要通过仔细观察，使图上和实地的山背和山顶高塔一一"对号入座"，相互对应，这种方法简称为图地对照。

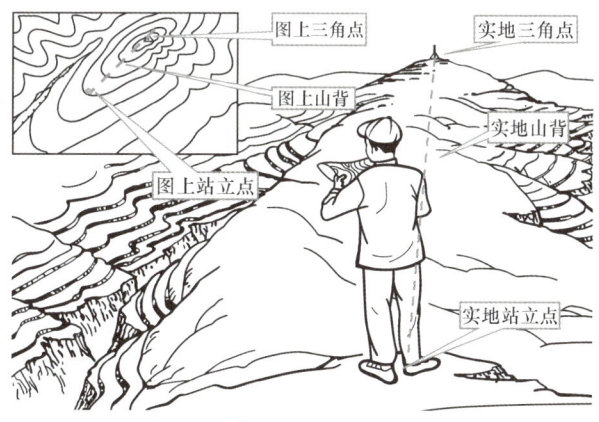

图 3-2-4　先对照地形，后确定站立点

图地对照的顺序一般是：先对照大而明显的地形，后对照一般地形；由近及远，由左至右；由点及线，由线及面；逐段分片，有规律地进行对照。

1. 直接确定

当所处位置是在明显地形点上时，只要从图上找出该地形点，站立点即可确定，这是最常用的方法，如图3-2-5所示。运动员站在一个T形交叉路口，左、右侧两山脚中间小路的左侧有一房屋，即可直接确定他在图上的站立点。

图3-2-5 利用道路交会点确定

直接确定站立点是一种在行进中，特别是奔跑中最常用的方法。但是，采用直接确定法的困难在于，在紧张的行进过程中，怎样才能快速发现可供利用的明显地形点？当处于某一相似的地形点时怎样准确地区分出来，防止张冠李戴？这就需要记住明显地形点的地物和地貌特征。

明显地形点的地物及其特征主要有：单个地物、面状地物的中心或者有特征的边缘、线状地物的拐弯点、十字交叉点、丁字交会点和端点。

明显地形点的地貌特征主要有：山地、鞍部、洼地；谷地的拐弯、交叉和交汇点；特殊的地貌形态如陡崖、冲沟等；山脊、山背线上的转折点；坡度变换点。

2. 利用位置关系确定

依据实地站立点附近明显的地形特征，用综合分析的方法确定。用这种方法确定站立点时，先进行控制对照，确定各控制点的实地位置。这时的控制对照是在站立点不明确的情况下进行的，但站立点所在地图上的范围是清楚的，控制对照时，根据各控制点本身的特征及其相互位置关系，通过综合分析，反复验证，是可以确定其图上位置的。当站立点位于明显地形点附近时，可以利用位置关系来确定站立点。利用位置关系法确定站立点主要是依据两个要素，一是站立点至明显地形点的方向，二是站立点至明显地形点的距离。在地形起伏明显的地方，还可以结合高差情况进行判定（图3-2-6）。当运动员站立于小河北岸、村舍正右方，左侧距公路150 m远处的位置时，依此方位关系，即可在地形图上确定出站立点的位置。

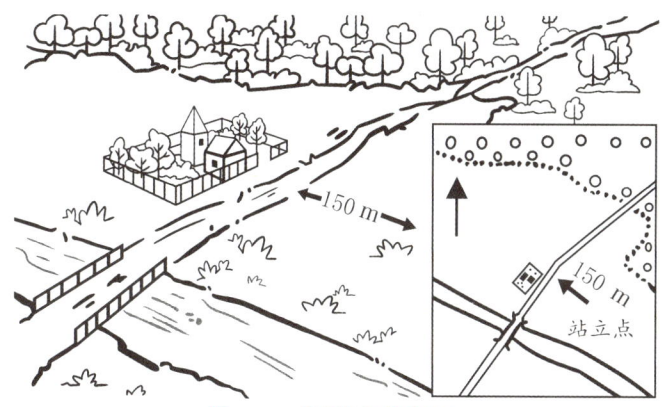

图 3-2-6 利用位置关系确定

3.利用交会法确定

当站立点附近无明显地形点时,可以利用交会法来确定站立点位置。按不同情况,它又可以具体分为90°法、截线法、连线法、后方交会法和磁方位角交会法。这些方法的优点是不需要判断或测量距离也能确定出较为准确的站立点位置,这对于初学者学习、使用定向地图的训练很有意义。下面详细说明当站在线状地形上时,如何利用90°法、截线法、连线法、后方交会法这几种常用的方法来确定站立点。

(1)90°法

当在道路、沟渠、山背线等线状地形上运动时,在与运动方向相垂直的方向能够找到明显的标志物,就可以利用90°法来确定站立点(图3-2-7)。图中运动员沿着道路行走时,身体右侧的小亭子与道路垂直交叉处就是当前的站立点位置。

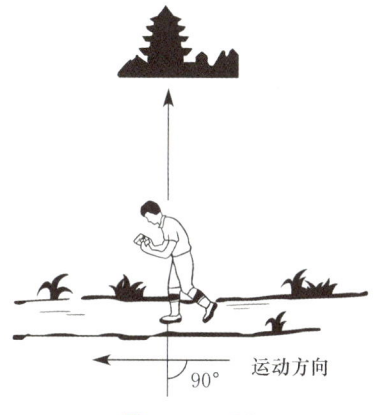

图 3-2-7 90°法

(2)截线法

截线法是在线状地物上或一侧运动时采用。具体步骤是:标定地图后,在线状地物一侧较远处的实地,选择一个地图上也有的明显地形点,利用指北针的直长边切在图上明显地形点的定位点上,然后转到指北针,使其长边对准该地形点,沿指北针的直长边向后画方向线,该方向线与线状地形符号的交点就是站立点在图上的位置。

(3)连线法

当在线状地形上运动时,同时待测的位置恰好是在某两个明显地形点的连线上,可以利用这种方法确定站立点(图3-2-8)。左图中铁塔与小丘的连线与小路的交点就是运动员站立点的位置;右图凉亭和小丘的连线与小路的交点也是运动员站立点的位置。

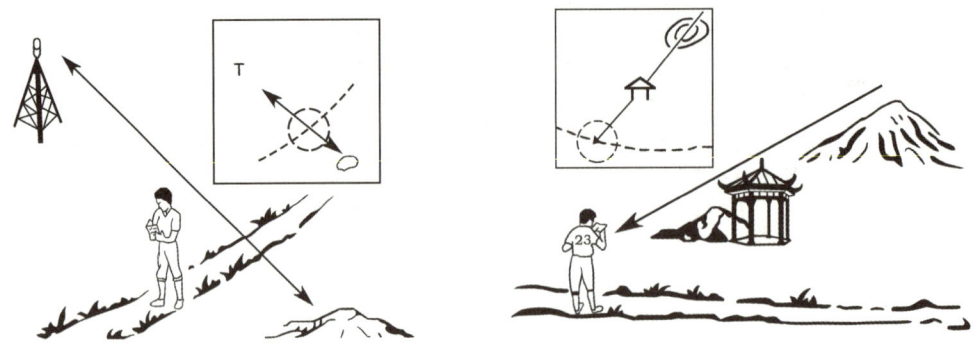

图3-2-8　连线法

(4)后方交会法

如果在待测点上无线状地形可利用,地图与实地相应的都有两个以上的明显地形点,在地形较开阔,视线良好的情况下,可以采用这种方法确定站立点。用这种方法确定站立点时,先在实地较远处选择两个地图上也有的明显地形点。如图3-2-9所示,即选择远山顶与房屋。具体方法:先标定地图,然后在地图上取一个山顶为标志,与实地相应山顶在地图上作一直线,再将地图上的房屋与实地相应的房屋在地图上作连线,两条直线的交会点就是站立点。

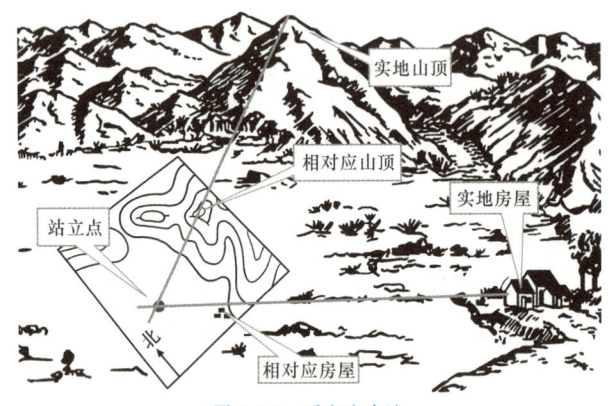

图3-2-9　后方交会法

4.确定站立点要注意的问题

(1)无论采用哪种方法确定站立点,均应对站立点周围地形进行仔细研究,防止位置不准、点位判断错、目标用错。

(2)标定地图后,若在使用中移动了地图,需重新标定。

(3)采用交会法时,交会角不小于30°或不大于150°。条件允许时最好用第三条方向线进行检查。

三、确定目标点

确定目标点,就是确定实地明显标志物在地图上相应的位置。在进行地图与实地对照以及在运动途中需要明确运动方向和具体线路时,都需要确定目标点在图上的位置,其方法除直线法外,主要用分析法。分析法是在已知的站立点标定地图,以站立点为准,向目标点瞄准并画方向线,根据站立点到目标点的距离来确定图上位置。利用此法的优点是确定明显目标时精度较高,但确定一般目标点时,由于站立点的距离不易确定,因而容易失误。因此,要在此基础上,根据目标点所在实地的地形特征,进行分析比较,确定其图上位置。在快速奔跑中,可用目测瞄准,然后根据目标点所在实地位置的细节特征确定。

从上述确定站立点与目标点的具体方法中可以看出,站立点和目标点的确定互为条件。根据已知的站立点可以确定目标点;根据已知目标点可以确定站立点。当站立点已知,要确定目标点时,可用分析法确定;当目标点已知,要确定站立点时,可用后方交会法、截线法或磁方位角交会法等来确定。

第三节 快速行进

一、确定行进方向

(一)使用指北针确定行进方向

利用指北针确定行进方向,是一种最简易、最快速的方法,它特别适合初学者在特征物少、植被密度低、地形起伏不大的树林中使用。具体方法如下:

(1)将指北针直尺边切于目标方向线,指北针上的方向箭头指向你所要到达的位置。

(2)把指北针和地图作为一个整体,双手握住地图水平置于面前,转动身体,使指北针上的红色指针的指向与地图所示的磁北线方向一致。

(3)指北针上方箭头所指的方向即为所要前进的方向(图 3-3-1)。

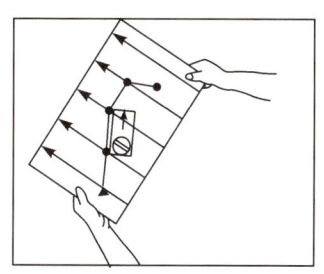 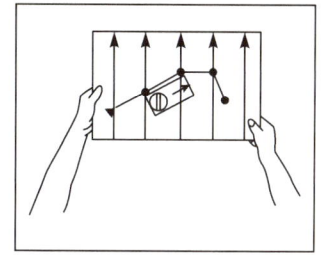

图 3-3-1 利用指北针确定行进方向

(二)按地图行进

按地图行进是定向越野的基本运动形式,也是一项最基本的技能。在行进途中,应首先了解前方要通过的方位物(特征点),边跑边对照地形。在经过每个岔路口、转弯点、居民地进出口时,应快捷准确地对照地形,随时了解自己在地图上的位置,做到"随时标定地图,随时确定站立点在地图上的位置,随时做到对照周围地形,随时保持清醒的头脑"。具体的行进方法有:

1. 拇指辅行法

在定向运动中常用拇指压住地图上本人目前站立点的位置,常把拿地图手的拇指想象为自己,当向前运动时,拇指也在地图上做相应移动,此种方法叫拇指辅行法。拇指压在地图上的位置即为当前站立点的位置,向前行进时,拇指要时刻处在前进的位置上,拇指位置也要跟上一起向前移动,来帮助运动员随时明确自己在地图上的位置。

如图3-3-2所示,先明确自己的站立点和将要行进的线路,然后转动地图(身体也随之转动),使地图与实地的方向一致,并用左手拇指压于站立点一侧,再开始行进。行进中要根据自己所到达的位置,不断移动拇指,转动地图,保持位置、方向的连贯性与正确性。那样就可以在任何时候都能立即指出自己在地图中的位置,即做到"人在地上跑,指在图上移,心在图中游"。

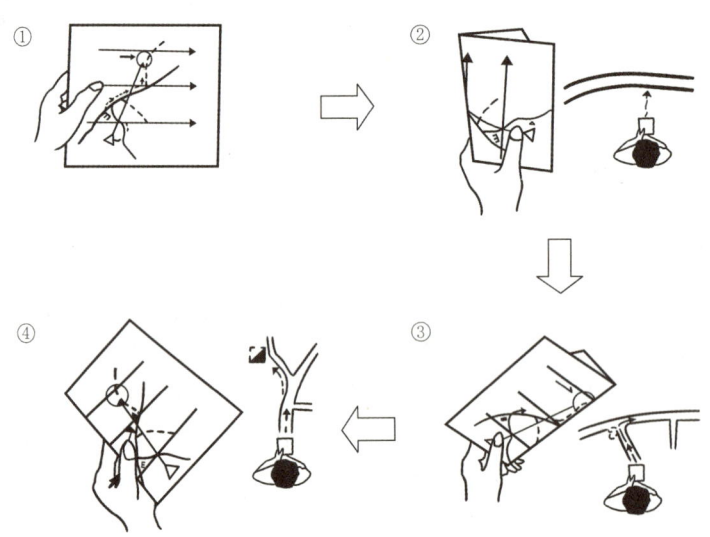

图3-3-2 拇指辅行法

(1)明确站立点、比赛线路、目标点。

(2)转动地图,使地图与实地方向一致,并将左手拇指压于站立点一侧,先上大路。

(3)到大路后转动地图,移动拇指(沿大路跑,看到路旁小屋后向右转)。

(4)再转动地图,移动拇指(沿大路跑,经过右侧路口后在下一路口左转弯,可直达目标点)。

这种方法可以让运动员保持一种提前思考的状态,随时知道下一步该怎么做,下一步要到哪儿。可以随时进行图地对照。

2. 连续运动法

连续运动法是指在未到达第一辅助目标之前,便分析下一辅助目标的地形及行进线路的运动方法。到达第一辅助目标后,如观察到的地形与到达之前从地图上分析的地形一致,则可不在辅助目标停留而做连续运动,以此类推直到检查点。

(三)沿地形地貌行进

沿地形地貌行进是初学者必须掌握的一项基本技术。通过学习下面的路线选择方法,可以逐步掌握这项技术。

1. 记忆法行进

一般要按行进的顺序,分段记住线路的方向、距离、经过的地形点、两侧的参照物。如河流、栅栏、小路、围墙等线形地貌;明显地物如房屋、独立树、石碑及高压线等都是很好的参照物,可以提供安全、快捷的线路。其方法是按所跑线路的顺序,分段、连续或一次性地记住前进方向上经过的地形点、两侧的特征物等内容,使实地的情景能够不断地与记忆内容"叠影"印证,通过记忆训练,逐步具备这样一种能力,即实地的情景能够不断地与记忆的内容相互印证"人在地上跑,心在图中游"。这样可以减少途中跑时读图的时间,提高运动成绩。

2. 借线法行进

当检查点位于线状地形或其附近时,可以采用此法。行进时,要先明确站立点,然后利用易于辨认的线状地形,如小径、山嘴、围栅、小溪涧、高压线等,作为行进的"引导",使自己行进时更具信心。由于沿着线状地形前进如同扶着楼梯的栏杆行进,因此又称这种方法为扶手法。如图 3-3-3 所示,从 4 号点到 5 号点先沿着小路到高压线下,再沿高压线找检查点。

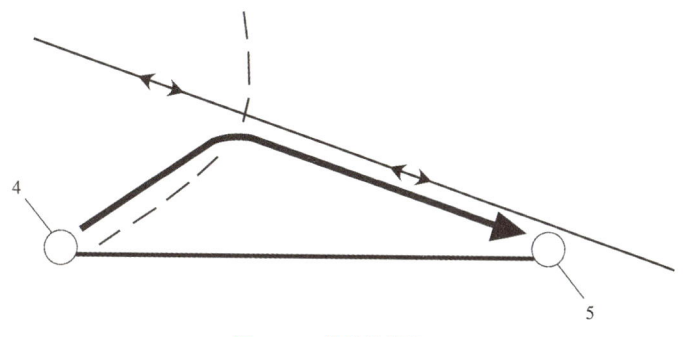

图 3-3-3 借线法行进

3. 借点法行进

借点法(攻击点法)行进就是利用明显的地物地貌点来控制运动方向,当检查点附近有高大或明显的地形点时,可采用此方法。高大或明显的地形点可以是高塔、建筑物、路的交叉点、拐弯点等,可将这些点视为攻击点。到达攻击点后利用指北针确定检查点的前进方向,再寻找检查点。从攻击点寻找检查点可以提高寻找的准确性和简化线路。行进前,要先将该地形点辨认清楚,然后用最快的速度前往检查点。如图 3-3-4 中 3 号点与 4 号点之间没有路,地形复杂,通行困难。采用借点法选择线路:①鞍部—②建筑物—③丘,然后在丘与陡崖之间找检查点。

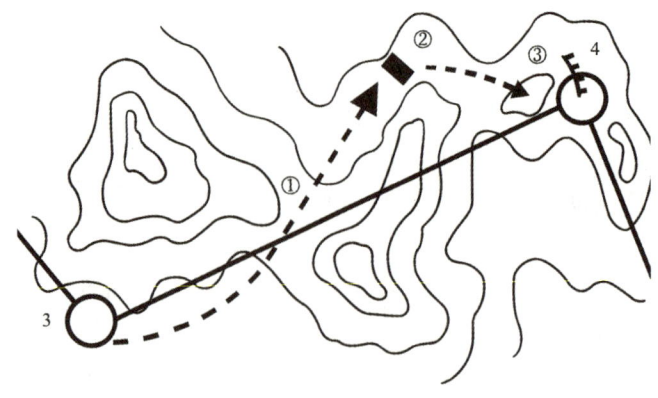

图 3-3-4　借点法行进

4. 偏向瞄准法行进

当检查点位于线状地形上或其附近时,如果直接瞄准行进,往往会因为多种因素(如绕过灌木丛、沼泽地等)造成偏移而使我们到达该线状地形后,不知检查点在何方,不知应该是向左还是向右寻点。相反,若一开始就有意识地将目标方向往左或往右偏移一定的角度,则在到达线状地形后就非常明确检查点的位置所在。如图 3-3-5 所示。

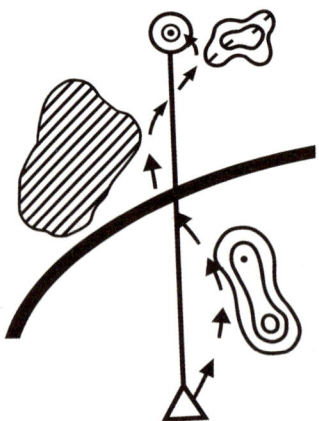

图 3-3-5　偏向瞄准法行进

5. 水平位移法行进

水平位移法实际上就是沿着等高线行进,简单来说就是既不上山也不下山。通常适用在地形起伏较大、地貌判定较容易且可以穿越的地形。当站立点与目标点从地图上判定处在同一高度时,利用地图等高线在实地按同一高度上行进,则很快就会找到目标点。这是一种常用的而且在寻找地形较复杂检查点时较实用的方法。对地貌的判断和沿着等高线行进的良好感觉是运用该方法的前提(图 3-3-6)。

运用该方法应注意以下几点:

(1)站立点或辅助点与检查点在同一高度。

(2)站立点或辅助点与检查点之间的植被可通行且无其他不利于奔跑的障碍物。

(3)由于体力下降,选手往往会无意识地往山下偏移,这时要努力做到下(上)几米就上(下)几米的纠错措施。

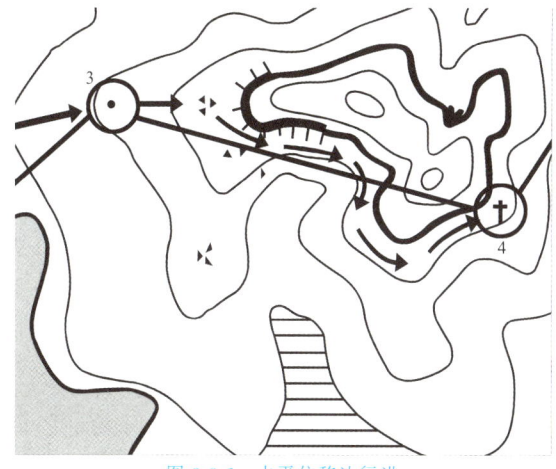

图 3-3-6 水平位移法行进

6. 提前绕行法行进

在检查点之间有较大的障碍时,可提前选择最佳线路(图 3-3-7)。

(1)直线跑,上山过山顶,下山找目标;其缺点是要艰难地翻过山顶。

(2)提前绕行,沿着山脚向前跑,虽然路线较长,但不必爬山。

(3)沿着山脊向前跑,但不爬山顶,虽然线路比直线长些,但不需要太多的攀爬。

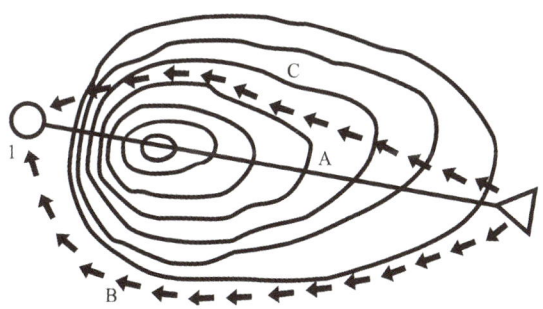

图 3-3-7 提前绕行法行进

7. 简化视图法

在读图过程中要学会概括地形和简化地图。特别是在读零碎杂乱区域地图时,要注意概括该地域地形结构,突出主要地形特征,把复杂的地图在脑中描绘成一幅新的简单化的地图,如图 3-3-8 所示。

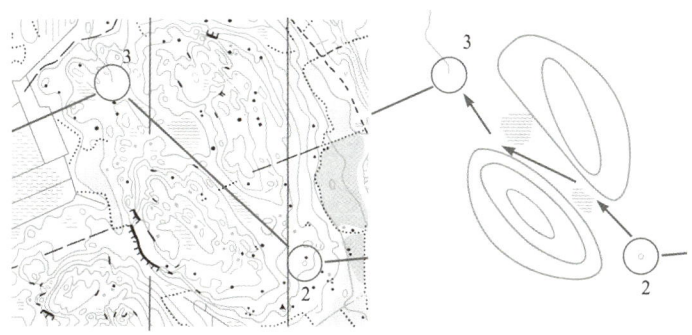

图 3-3-8 简化视图法

（四）行进过程中的注意事项

(1)在经过岔路口、道路转弯点、居民地进出口时,应对照地形。

(2)在遇到现地地形变化与地图不一致时,应仔细对照全貌,分析地形的变化和位置关系,然后准确地判定站立点的位置和行进方向,做到有疑不走,有矛盾不走,方向不明不走。

(3)当发现走错路时,应立即对照地形,回忆所走过的路,判明从什么地方走错的,偏离原定线路有多远,再根据情况另选迂回线路或返回后继续前进。

（五）野外迷失方向的解决方法

在野外遇上不良天气,或由于自己的心理、身体状态出现问题,迷路甚至迷失方向,找不出站立点位置是经常会出现的。拥有清醒的头脑和充分的计划可以减轻焦虑,帮助你重新定位。如果迷路了就一定要注意:

(1)不能继续再行进,站在原地,用指北针确定好方向。

(2)观察地图并试着找到周围相应的地形。

(3)寻找周围是否有你可以确定的标志物,并试着在地图上找到相应的位置。

(4)如果找不到,努力回忆在此之前你能确定的地图上的位置,只要仔细研究地图,认真选择,就能确定好当前站立点在地图上的位置,重新开始行程。

(5)如果仍然在迷路中,就去寻找线形地貌。例如,田边、道路或者附近可能有的溪流。找到一个点,顺着这条线直至找到别的标志物,这就更容易确定当前站立点的位置了。

(6)作为一名初学者,如果实在无法坚持,完全可以问其他参赛者返回去的线路,但只有在真正必要时才这么做,因为这样会打断别人的思路。

总之,在野外复杂地物地貌进行定向运动,通常在短距离的路段或长距离路段的最后部分需要采用精确定向技能。在实施精确定向技能时,一般可以借助指北针仔细瞄准目标方向,从"攻击点"接近检查点,并只需要判读预定直线方向的地物地貌,读地图相对容易些。此外,由于实施精确定向技能的区域的地貌一般较为细碎而复杂,读地图的地形范围较小,因此要求行进者集中注意力进行分析思考,这样限制了奔跑的速度。同时,由于地物地貌很细碎,易出现偏差,需要尽力瞄准方向,尽可能地读出周围的特征地物,从地图中量出实地从站立点到检查点的距离,并用步测估算出行进的距离。

二、正确估算距离

确立了行进的方向,还必须结合在地图上对目标点距离的判断和已跑过的实际距离的估算,才能快速而准确地到达目的地。

1.利用比例尺换算图上距离和实际距离

比例尺换算图上距离和实际距离的方法,在前面讲解比例尺时已做过介绍,但在实际比赛中,临场进行换算就要耽误时间,因此,必须熟悉几种常用的长度单位与相应实地水平距离的对应关系。例如,在比例尺为1∶10 000的地图上,1 mm相当于10 m,而在1∶15 000的地图上,1 mm相当于15 m。依据不同比例尺,对应地图上两点距离应快速换算为实际距离。

从地图上量得的距离，无论是直线的还是曲线的，都是两点间的水平距离。但在实地，并不都是平坦的地形，在地形起伏较大的情况下，还要根据地形起伏情况加上修正系数，见表 3-3-1、表 3-3-2。

表 3-3-1　　　　　　　　　　　水平距离修正系数（一）

坡度/°	修正系数/%
0～5	3
5～10	10
10～15	20
15～20	30
20～25	40
25～30	50
30～35	65
35～40	80

表 3-3-2　　　　　　　　　　　水平距离修正系数（二）

地形类别	修正系数/%
平坦地（有微起伏）	10～15
丘陵地（比高 100 m 以下）	15～20
一般山地（比高为 100～200 m）	20～30

实际距离的计算公式为

$$实际距离 = 水平距离 + 水平距离 \times 修正系数$$

2. 步测法计算距离

步测法是根据自己步伐的大小计算距离。它是一种在实地估算距离的有效方法，但这一技能是需要经过反复训练才能掌握的。

复步测量法，两个单步为一复步，若每个单步的步幅为 75 cm，那么一个复步的步幅就为 150 cm。采用这种方法测量距离，关键要了解自己的单步步长。可是，不同的人，身高、腿长不同，其步长不同；跑步速度、柔韧性不同，表现出的步长也不同；即使同一个人，在不同的地形上跑，其步长也不尽相同。因此，最好通过平时的练习、测算，确定自己的步长大小。亦可参考下列按常规慢跑测出的数据，见表 3-3-3。

表 3-3-3　　　　　　　　　　　不同地形单位长度上的参考步数

地形类别	每 100 m 的步数（复步）
平坦道路	50
杂草空旷地	56
有稀少底层植被的树林	66
有不少底层植被的树林	83
上坡（视坡度）	100（以上）
下坡（视坡度）	35（以下）

3. 目估法测算距离

目估法就是用眼睛估计、测算出距离。眼睛虽然不能测量出精确的距离,但是,只要经过勤学苦练,还是可以测得比较准确的。在高速奔跑中,这一技术很有实际作用。

具体方法如下:

可以运用"物体的距离近,视觉就清楚;物体的距离远,视觉就模糊"的规律对距离进行目测。在练习阶段,需要特别留意观察、体会各种物体在不同距离上的清晰程度。观察得多了,印象深了,就可以根据所观察到的物体形态的清晰或模糊程度,大体上目测出它的距离来。

若觉得根据目标的清晰度判断距离误差太大,可以利用平时自己较熟悉的某些事物的距离,如靶距、球场距离等进行比较判断。还可以用 50 m、100 m、200 m、500 m 等基本距离,经过回忆比较后做出判断。如果要测的距离较长,可以分段比较,然后推算全长。

值得注意的是眼睛分辨力常会受到气候、光线照射角度、物体自身颜色、观察的位置角度等条件的影响,目测的距离常常会因为这些因素而产生相当大的误差。

4. 距离定点法

在起伏不大、植被较多、无道路、观察不便的区域内寻找检查点,可采用此法。首先利用指北针确定行进方向,沿直线走(跑)完自己的步数。选择一条路线,我们可以形象地把它分成三个区域即黄区、绿区、红区,如同交通规则中的划分方式一样。在不同区域应采用不同的定向方法。

(1)黄区——标准定向。这一区域内的各种明显地形点将逐渐引导选手接近检查点,因此应多利用借点、借线、水平位移等方法行进,并尽可能地保持标准跑速。

(2)绿区——概略定向。在这个区域,由于刚刚标定了行进的方向,精确地确定了站立点(借助于检查点),可以用最快的速度奔跑。如有可能应多采用借线、记忆等方法沿道路奔跑。

(3)红区——精确定向。即将到达检查点,应减慢跑速,防止过早地兜圈子寻找点标或者错过点标。此时应勤看地图勤对照,时时明确站立点在图上的位置。可以多采用拇指辅行、偏向瞄准、借点等方法,并借助指北针确定行进方向,通过步测确定行进距离,参考检查点说明寻找点标。

第四节　线路选择

定向地图上各检查点之间的连线是提供方位的直线,沿这条方位直线一般是不可能直接到达的,必须依照地图上各种符号和色彩的提示,进行线路选择。线路选择即决定从一点到另一点要走的线路。选择一条好的线路能够极大地提高行进的安全性并最大限度地减少体能的消耗。在选择一条最佳比赛线路时,选手总是需要根据每一段赛程的具体情况,综合判断是否能发挥好,如何发挥自己的技术、战术或体能优势。因此,选择行进线路是更高一层意义上的定向技能或定向战略。

不同的人,技术水平不同、体能状况不同,所选择的线路也不尽相同。但一般都遵循一定的标准和原则。

一、选择线路的标准

决定一条比赛线路难易程度的主要因素是场地地形、线路长度、检查点数量和爬高量。线路长度由地图上各路段相加的总长来确定;爬高量则是指沿着参赛人可能选择的图上最短、最合理的线路(最佳线路),计算其爬升高度的总量,下降的高度则忽略不计。

选择省体力、省时间、最稳妥、最能发挥自己的特长的线路,尽量不失误或减少重大失误,顺利完成赛程并最终夺取胜利。

二、选择线路的原则

1."有路不越野"原则

充分利用道路,坚持"有路不越野"的原则。定向地图现势性强,道路标示较详细。利用道路有利于运动中图地对照;有利于运动中随时明确站立点的图上位置,如路的拐弯处,路与路的交叉口,路的最高点、最低点等,不易迷失方向,而且道路相对光滑、平坦,不仅有利于提高奔跑速度,还可以节省体力。当然利用道路要考虑运动距离。如图 3-4-1 所示,从起点到 1 号点,如直线跑需艰难地翻越一座山峰,还需要尽早沿着右侧山脚来到小路叉开处,寻找点标,否则易错过 1 号点的点标。如果沿着大路行进,线路虽长一点,但不需翻山,省力。可将图中带箭头用长虚线标示的线路视为最佳线路。选择最佳运动线路时,从出发点出发,应先沿大路向东到岔路口,然后向北沿小路到第 1 号检查点,不应翻越山顶到 1 号点。

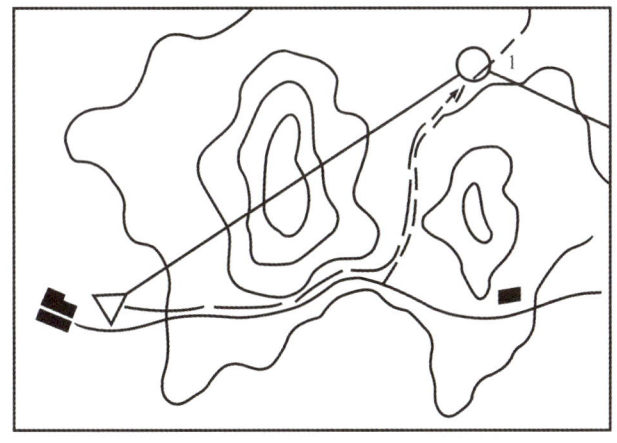

图 3-4-1 有路不越野

2."择近不择远"原则

若两点之间地形起伏不大、树林稀疏可跑、通透性强,则可遵循"择近不择远"原则。如图 3-4-2 所示,1 号点与 2 号点之间是一片树林稀疏的地段,选择线路时采用直线跑到小路旁找点,如选择其他线路,则距离较远。

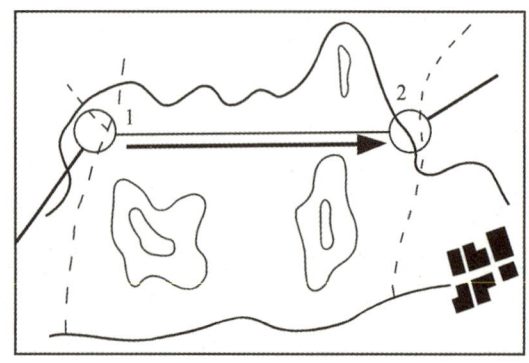

图 3-4-2　择近不择远

3. "遇障提前绕"原则

在地形起伏较大,树林密集,障碍大的地段,应坚持"遇障提前绕"原则,尽量寻找大路或明显参照物来确定自己的站立点,切勿在密林里或有大障碍物的路段穿行。如图 3-4-3 所示,2 号点与 3 号点之间是一段复杂的地形,不能直线跑。应选择以下线路:①过鞍部沿陡崖下跑,目标是堤坝;②过堤坝沿着右侧山坡右转至小谷地寻找目标点。

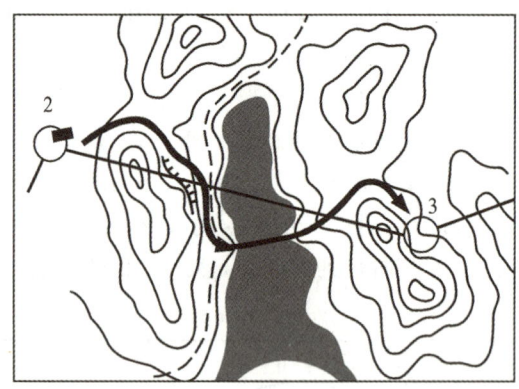

图 3-4-3　遇障提前绕

4. "依线又依点"原则

如图 3-4-4 所示,2 号点与 3 号点之间直线不能通行,依小路向前,沿山坡与地类分界线到小路找点。如图 3-4-5 所示,以塔为目标点,然后往东南找丘(4 号点)。或者以围栏的拐角为目标点,然后往北找丘。

图 3-4-4　依线又依点(一)

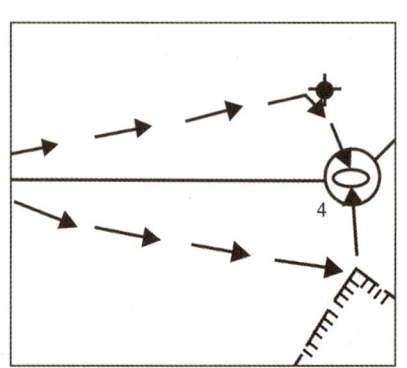

图 3-4-5　依线又依点(二)

5."走高不走低"原则

线路选择时,若选择了越野,则应遵循尽量在高处行进,避免在低处行进的原则。这是因为:

(1)地势高的地方,视线好,便于确定站立点和保持行进方向。

(2)高处大多干燥、通风良好,荆棘、杂草、虫害及其他危险少。

(3)人们都习惯在高处行走,因此,像在山脊这样的地方,常常会有放牧、砍柴的人踏出的小路,利用它便于提高运动速度。

实际上,仅依靠上述这些原则决定线路的选择是不够的,要多加实践练习,只有让自己的"感觉"或"估计"变得更有科学根据,才有可能更快地提高定向越野成绩。

三、实例分析

分析与解决选择线路问题的方法有多种,下面仅介绍其中的一种——经验法。

某人以自己在道路上奔跑 300 m 需要的时间为 2 min(近似值)作为一个标准,通过多次实践,对自己奔跑的速度有了一定了解,见表 3-4-1。

表 3-4-1　　　　　　　　不同地形每 300 m 所用时间的比较

地形类别	每 300 m 用时/min	倍率	每 2 分钟奔跑的距离/m
大路	2	1	300
杂草地	4	2	150
有灌木的树林	6	3	100
密林或荆棘丛	8	4	75

那么,他就可以用这样的方法解决问题:假定穿过密林的距离为 75 m,沿大路跑的距离为 300 m,则两种选择所用的时间相等。如果他的体力好而定向技能差,那他就应该选择沿大路跑。对于其他选择,可以参照同样的方法进行。

选择线路是更高一层意义上的技能或称为定向越野的技巧。选择最佳比赛线路时,应根据每一段赛程的具体情况,结合自己的特点综合判断,要有利于发挥自己的技术、战术、体能优势,权衡利弊。可根据表 3-4-2 提供的不同地形对运动速度的影响参数,结合自己的体能、技战术水平分析,进行选择。

表 3-4-2　　　　　　　　不同地形对运动速度的影响(概略值)

地形类别	走(每 1 000 米用时/分钟)	跑(每 1 000 米用时/分钟)
公路	9	6
空旷地	16	8
疏林	19	10
山地或树林	25	14

当面对疏林且有灌木丛、湿地、水塘等类的障碍时,如图 3-4-6 所示,至少有四种线路选择,要结合实地状态来迅速决定直接穿越还是避开绕行?如果选择避开绕行时,就会浪费相当多的时间。

如果选择绕行就要具有较强的体能素质,要先了解自己的体能状况。可以通过简单测试,对照表3-4-3、表3-4-4中的参数对自己做一个分析。

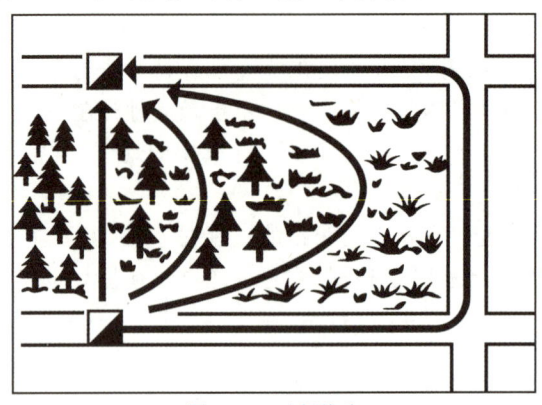

图 3-4-6　选择线路

方法:采用1 600 m跑来测试心肺功能,这是一种非常可靠、有效的方法,不需要任何器械或其他的准备。寻找一个400 m的跑道或其他任何平坦的地方,都可以进行测试。测试时,请注意以下几点:

(1)空气温度。不要在太冷或太热的天气里跑。
(2)路面。应该在干燥和坚固的路面上跑。
(3)风速。最好是微风或无风。
(4)强度控制。要学会控制节奏,避免过早地耗尽体力。

表 3-4-3　　　　　男子有氧跑测试标准(1 600 m 跑/走)

等级	时间/min:s						运动形式
	13～19岁	20～29岁	30～39岁	40～49岁	50～59岁	60岁以上	
很差	>10:20	>10:40	>10:50	>11:30	>11:40	>13:10	走
差	8:07～10:20	9:20～10:40	9:35～10:50	10:24～11:30	11:20～11:40	12:40～13:10	走
一般	6:56～8:06	8:00～9:19	8:10～9:34	8:40～10:23	9:40～11:19	10:56～12:39	竞赛
良好	6:26～6:55	7:11～7:59	7:21～8:09	7:40～8:39	8:20～9:39	9:20～10:55	竞赛
优秀	5:42～6:25	6:30～7:10	6:40～7:20	6:50～7:39	7:20～8:19	7:30～9:19	竞赛

表 3-4-4　　　　　女子有氧跑测试标准(1 600 m 跑/走)

等级	时间/min:s						运动形式
	13～19岁	20～29岁	30～39岁	40～49岁	50～59岁	60岁以上	
很差	>12:20	>12:40	>13:00	>13:20	>13:40	>14:00	走
差	11:18～12:20	12:20～12:40	12:40～13:00	13:00～13:20	13:20～13:40	13:40～14:00	走
一般	9:40～11:17	10:40～12:19	11:00～12:39	11:40～12:59	11:40～13:19	12:40～13:39	竞赛
良好	8:20～9:39	9:00～10:39	9:40～10:59	10:40～11:39	11:00～11:39	11:40～12:39	竞赛
优秀	8:00～8:19	8:20～8:59	8:40～9:39	9:10～10:39	9:40～10:59	11:00～11:39	竞赛

第五节　捕捉检查点

　　捕捉检查点就是寻找检查点,是参加定向越野比赛胜与败的一项关键性技能。每一条比赛线路的设计,都会体现出不同的或交替出现的难题,有时考验体能,有时则考验技能。当快接近检查点时,应对检查点的实地准确位置做出分析和判断,并考虑采用何种方法去捕捉它。一般来说,常用的方法有定点攻击法、提前偏差法、距离定点法和地貌分析法。

一、定点攻击法

　　当检查点设在明显、较大的地物、地貌点上或附近时,可采用定点攻击法。首先,将这些明显的地物、地貌设为攻击点,然后,根据这一攻击点与检查点的相对方位、距离关系寻找检查点。如图3-5-1所示,从3号点到4号点,沿着小路行进,目标是建筑物,即将建筑物设为攻击点,找到建筑物后,在建筑物的北面就能找到检查点。

二、提前偏差法

　　当检查点设在线状地物如大路、沟渠、河流的一侧时,如果直接瞄准行进,往往会因为多种因素(如绕过灌木丛、沼泽地等)造成偏向而使得到达该线状地形后,不知检查点在何方,即不知道应该是向左还是向右寻点。相反,选择提前偏差法可以有效提高找到检查点的效率。首先根据地形条件,选择线状物为目标点,然后提前偏离检查点,跑到线状物上,再根据线状物与检查点位置的关系可以较快、较准确地找到检查点。如图3-5-2所示,检查点为山脚下的小屋。可以用指北针直接定位于该点,但很有可能跑偏而错过目的地。相反,用指北针定位在小屋偏右、两山鞍部的方向,当跑到山脚下,地势开始明显升高时,再沿等高线向左边水平位移,就可找到检查点。

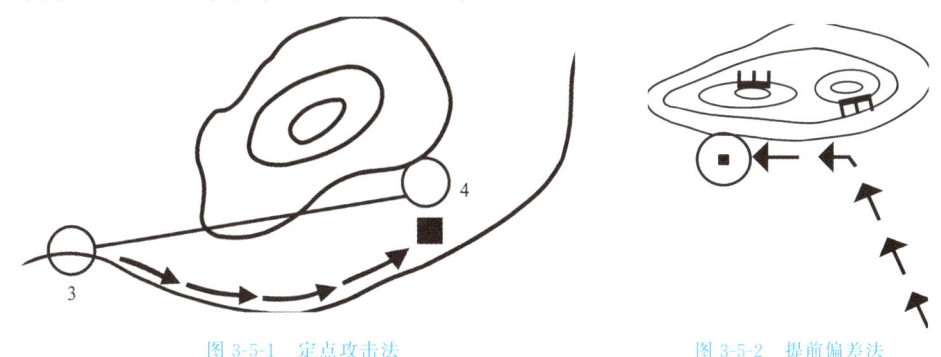

图3-5-1　定点攻击法　　　　　　　图3-5-2　提前偏差法

三、距离定点法

　　当检查点在地势较平坦、无路、植被较多,或检查点在细碎的地貌特征之中,可以采用此方法。首先要借助周围的地物、地貌特征作为攻击点,然后利用指北针瞄准目标点方向,结合步测、目测等方法测算距离,一步步地接近检查点。这个方法对于运动员的方向感、距离感等有较高的要求。如图3-5-3所示,5号点位于平地树林中,定位较困难。应采用如下方法到达:

(1)先选择小路交会处作为攻击点。

(2)沿小路到达攻击点后,在图上量出至检查点的距离(换算成复步)。

(3)用指北针测定出检查点的方向并沿此方向步测前往。

如图3-5-4所示,检查点位于细碎的地貌特征之中,情况复杂,应采用如下方法到达:

(1)选择小路交会处作为攻击点。

(2)沿小路到达攻击点,图上量出至检查点的距离(换算成复步)。

(3)用指北针仔细地测定检查点的方向,沿此方向步测前往。

(4)必要时,途中还需要仔细地查看地图。

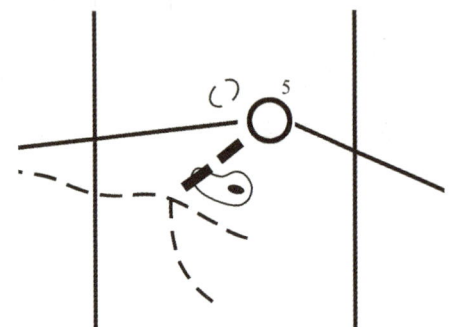
图 3-5-3　距离定点法(一)

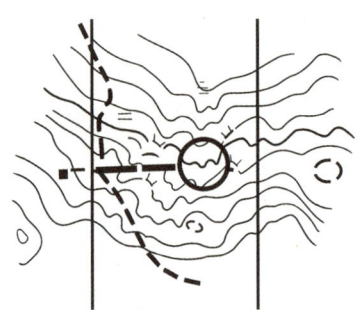
图 3-5-4　距离定点法(二)

四、地貌分析法

在地貌有一定起伏的地域内,检查点设在低小地物附近时,采用此方法。采用这种方法时,首先根据地图上检查点与地貌的关系位置,分析出实地两者相对应的位置关系,再依据这种关系位置寻找到检查点。如图3-5-5所示,寻找9号点。

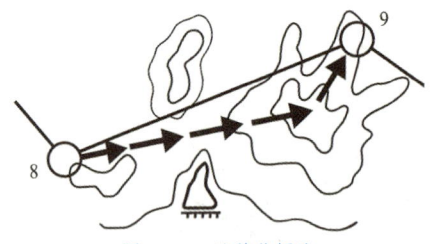
图 3-5-5　地貌分析法

首先,运动到检查点西南山顶,在山顶位置通过地图与现地对照,判定出检查点在山背,即可发现9号点。

在寻找检查点过程中尽可能扩大视野,从目标点附近大的、明显的地形找起,然后再找目标点。不能只是把目光集中在要寻找的目标点上,特别是当目标点所在地较小时,如果只看很小的地形,将很难找到它。

五、注意事项

（1）接近检查点之前，要在地图上分析、确定下一段最佳运动线路，并熟悉线路两侧的主要地形。

（2）当发现一个检查点后，要核对该点标上的代号是否与检查点说明卡上注明的代号相符。

（3）一次"捕捉"检查点不成功时，应再次确认站立点的位置，分析自己是否偏离了运动方向。若确认偏离了运动方向，离检查点有一定距离时，应按运动中迷失方向后的方法处理。若确认自己只是局部上的误判，应在明确站立点之后，再次"捕捉"检查点。

（4）在运动速度上应注意，接近检查点之前速度要慢，便于在慢跑中校对检查点的实地具体位置，力争一次成功。

整个捕捉检查点动作过程如下：快接近检查点之前，要在地图上分析、确定下一段最佳运动线路，熟悉线路两侧地形；减慢速度，校对检查点的具体实地位置，并"捕捉"检查点，找到检查点之后，迅速做标记，快速离开。

我们通过这一章的学习，对定向运动的基础知识和基本技术有了全面的了解，如果要参与定向运动需要在全面理解的基础上，养成独立思维并快速决断的能力。从站在出发点拿到地图时，首先要独立思考并回答好这三个问题：

（1）我在哪里（Where）？即确定自己的站立点，明确自己所在的位置。

（2）我要去哪里（Where to go）？即确定目标点，需要到哪里去，下一个检查点的位置在哪里。

（3）我怎么去（How）？即根据地图，规划并选择到达目标点的线路。

如果已经具备基本专项技能，就可以到运动实践中逐步磨炼提升了。

第四章 定向运动技能训练与实践

定向运动具有丰富的基础知识和较高的专项技术要求,没有经过系统训练的初学者直接参加比赛或进行复杂的实践活动很少能顺利完成比赛。本章首先按照认知规律将定向运动基本知识与技能重构为初级、中级和高级三个运动技能层次来进行教学训练与实践,针对不同运动技能水平给出相应的练习手段,将会有助于初学者更快、更牢固地掌握定向运动技能,更好地参与到定向运动中。最后从竞技实战需求出发,梳理了出发点技能、途中技能、检查点技能和终点技能的技能培养要点,指导运动员的技战术训练。

第一节 初级技能训练

一、读图技能训练

读图是定向技能训练中不可或缺的一个环节,是建立在已了解定向运动地图语言的基础上。初次接触定向运动,要先从最简单的识图开始。首先,选择适合开展定向运动教学的户外场地,例如一块易于通行的林地,教练要指导学生观察并感受周围环境,并给每位学生发一张真实的定向地图。从观摩定向运动地图开始,学习体会地图的颜色和最常见的地图符号的含义。学会能够准确地将地图上画的不同颜色和符号的"符号画"转换成所处实地对应的实际地物、地貌,建立图地对照感觉。

(一)识图训练

在一块稀疏林地设定好出发点和目标点,所有学生都带着各自的定向地图在树林里步行,将地图上的颜色和符号与实际物相对照(图4-1-1)。回到出发点后,每组学生都要描述各自在林中见到的任何有趣的事物,如在何处见到大石头、花草、小鸟或野兔等小动物等。可以重复多次练习,每次出发只对照一两个新符号,尽力做到对照符号的速度要比上一次快。

(二)沿小路标识地图符号

利用一条带有标志物的小路,沿路放置一些实物标志或闯关答题卡;采用多人一组或单人一组的形式从出发点出发;对于学生多、教师少的课程教学,这是一种好的练习方法(图4-1-2)。这样沿着小路边走边标识地图符号可以帮助学生准确记住地图的各种符号。

图 4-1-1　在树林中步行体会地图符号

图 4-1-2　沿着小路边走边标识地图符号

练习步骤：

(1)站在一条小路上，在地图上找到对应这条小路的符号。

(2)把路边的大圆石标在地图上。

(3)站在一条小路的交叉路口处，并在地图上找到小路交叉点。注意，实地中的小路与地图上的小路符号大小会不同。

(三)地图符号接力赛

通过接力赛的形式练习记住地图符号。具体实施步骤如下：

(1)按教学班人数规模，准备 30 张 A4 打印纸，用地图符号相对应的颜色，将地图符号画在 A4 纸上，这些符号要比常规定向地图上的符号大些，例如，在 10 张纸上画 10 个各不相同的地图符号，作为一组符号，可画三组。

(2)在每张符号纸的背面写上这组符号中其他一个符号的名称，符号的名称不要重复。

(3)学生们分成三组，将三组画好的符号纸放在离起点稍远点儿的地方。

(4)教练发令"出发"并计时，每组第一个人跑到符号纸存放处快速拿到一张符号纸，比如拿到画有一建筑物符号的纸。将纸带回起点，与本组第二人击掌，第二人要看清楚并记住符号,跑到地方拿到背面写着那个建筑物名称的那张符号纸返回,无论正面的符号是什么。以此类推,直到将全部符号都取回(图4-1-3),三组中先完成任务的小组为优胜。

图 4-1-3　地图符号接力赛

通过这些练习,初学者能够学会看懂地图里的比例尺、地貌符号、地物符号、磁北方向线、地域颜色等地图符号。

二、地图定向训练

给地图定向就是标定地图的意思,也就是结合实地标定地图。对于初学者来说,标定地图这个概念比较难理解。需要通过一系列练习来逐步建立地图的北与实地的北方始终对应的技能。一般地图上的北可以通过这三种途径获得:①地图的磁北方向箭头所示方向为北;②正置地图,地图的正上方为地图的北方;③定向图上的一条或若干条从下至上的磁北线指向北方。

定向地图上的方位是:上北、下南、左西、右东,通常在实地正确地辨别了方向之后,将定向地图的上方对向实地的北方,此时地图已标定。这种方法简便迅速,是定向比赛中最常用的方法。也可以将地图置于胸前,通过转动身体使得自己面前视野内的实物与地图上用符号表示的地物地貌同向。地图上的北方必须永远指向实地上的北方(图4-1-4)。

图 4-1-4　标定地图

在标定好地图后,受训的学生应能快速回答出:在我面前是什么?在我右边是什么?在我左边是什么?当学生走动或改变自身面对的方向时,也转变手中握着地图的方向,时刻保持地图的北方与实地北方一致(图4-1-5)。

图 4-1-5　地图定向训练

通过训练要求每个人都能在不用指北针的情况下给地图定向。如果在实地不能确定哪面是北时,还是要先用指北针确定北的方位,以指北针的红针指向为准,指北针的红针永远指向北。

1. 千足虫

选择一块稀疏树林,教练带领所有学生排成一路纵队组成"千足虫",教练位于千足虫的头部,学生紧跟在教练身后,排成一长队。教练带头大步向前走,给身后跟着的每一个人做示范。千足虫的头改变方向时,每个人都要在地图上找到位置,并转动地图保持地图方向正确。教练可以不时地踏到一旁,而后面的学生带领队伍继续向前走。每个人走过来时,教练检查他们查找位置和给地图定向是否正确。可以重复练习多次,直到每个人都能正确给地图定向。如图 4-1-6 所示。

图 4-1-6　以千足虫形式给地图定向

2. 边走边找

边走边找是一种直观的图地对照训练形式,每个人都手持地图在实地中行走,边走边给地图定向,将地图与实际地物相对照,边走边找。如果找到一个明显地物(如一块圆石)就停住,等每个人都跟过来,学会在地图上查找这个圆石符号。行走中教练要不断检查每一个人是否始终保持着地图的正确定向(图 4-1-7)。

图 4-1-7 图地对照训练

【初级技能测验 A】

沿一条小路给地图定向。

训练场地范围内要有小路且有小路交叉处,先沿着小路放置一些标志,可以是实物,也可以是一些问题,如"你学会给地图定向了吗?"(图 4-1-8)

图 4-1-8 用小路给地图定向

再用下面步骤进行实践:

(1)站在一条小路的交叉路口,手持地图并给地图定向。

(2)明确自己的站立点,会给地图定向。

(3)小路的右侧是几座房子,左侧是山和独立树。地图与实地相对应。

(4)随机抽取试题,例如下面两张图(图 4-1-9),哪张地图是定向地图?

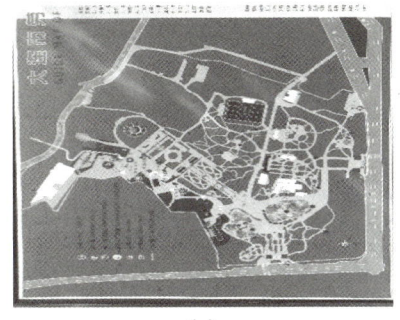

(a)   (b)

图 4-1-9 从图片中选出定向地图

三、交叉路口的快速选择训练

1. 快速选择训练

教练和学生一起,从一张公园地图中找一块熟悉的地域训练,一组人慢走一个短距离线路。

在选择线路时要在一瞬间完成一个决定或做出选择。比如,在一条小路的 T 形路口,找出那条正确的路(图 4-1-10)。

图 4-1-10 T 形路口快速选择训练

2. 蹚出一跑回

(1) 每组要有一名助教。
(2) 每组蹚出自己的线路,线路上至少有两个检查点可以做"蹚出一跑回"。
(3) 然后每组再跑一次别组蹚出的线路。
(4) 做此项练习可以没有教练。但要确保检查点位置放置准确,否则就会有很大麻烦。

3. 星状线路比赛训练(图 4-1-11)

(1) 在一张地图上只画一个起点和五个检查点。
(2) 从起点出发,先跑检查点 1,找到后回起点,再朝下一个检查点跑,以此类推。
(3) 可单人出发,也可 5 个人同时出发:甲先找 1、乙先找 2、丙先找 3、丁先找 4、戊先找 5,顺时针循环,每人都要找全 5 个检查点。

图 4-1-11 星状线路比赛训练

【初级技能测验 B】

沿线状地物进行快速定向。

选择有明显的线状地物的场地进行测试,将线路设在熟悉的地区,例如围绕一个运动场地。在每次需要改变方向或线状地物改变时,设一个检查点。

单人为一组进行测验。线路设计:起点在小路上,有 8 个检查点:①围墙角;②围墙角;③建筑物东北角;④道路交会点;⑤道路和小路交会点;⑥小路连接处;⑦小路连接处;⑧小路连接处。终点在草地结束。

四、沿线状地物做片刻时间定向

线路设计与初级技能测验 B 相同,但要稍增加些难度,在设计线路时每条路都要经过两个或更多的岔路口,可将线状物视为"扶手"辅助练习。具体方案如下:

1. 小组追逐循环训练

将学生分为 4 组,除起点外设定 8 个检查点,且检查点设置在线路交叉口处。每组学生先找到本组两个检查点即返回到起点,看图再按顺时针进入下一组线路。1 组△→A1→A2→△;2 组△→B1→B2→△;3 组△→C1→C2→△;4 组△→D1→D2→△。即 1 组从起点出发找到本组线路上的两个检查点 A1、A2 返回起点,看图再去找下一组线路的两个检查点 B1、B2,以此类推(图 4-1-12)。

图 4-1-12 记图训练

要求:
(1)每组有一名教练,约定好各组起始线路。
(2)每组从一条线路出发,4组同时出发,计时。
(3)每组在一条不同线路上奔跑。
(4)为训练学生对地图的记忆,途中不使用地图,只许回起点看地图。
(5)找全8个检查点,返回起点,看哪组快。

2. 小路全程训练

借助一张公园定向地图,选择其中一块熟悉的地区进行,以小组为单位按图找小路行进。先在图上找到自己站立点的位置、要去的检查点的位置,练习如何选对线路行走,行走过程会遇到新的挑战,逐一解决,直到终点。也可以让参加者再从头走一次这个线路,让他们自己走到终点。还可以再走一个来回(图 4-1-13)。

图 4-1-13　小组追逐循环训练

3. 星状线路定向识图训练

进行星状线路定向识图训练最好选择那些包含小路或大路等线状地物较多的区域作为训练场地,线路长度和检查点的设置不要太难。可单人出发,计时。比赛要求:
(1)在同一起点起跑。
(2)每人在场地上跑3组路程:△→A1→A2→△→B1→B2→△→C1→C2→△(图 4-1-14)。

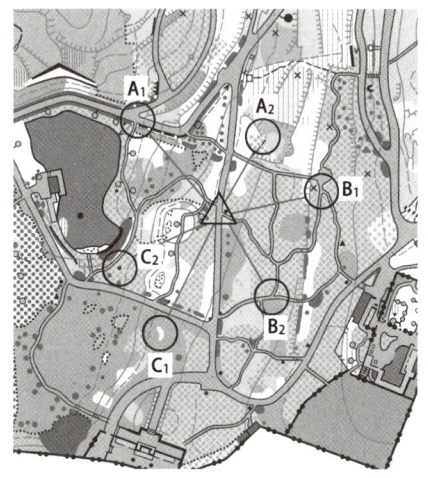

图 4-1-14　星状线路定向识图训练(突出星状线路图)

【初级技能测验C】

沿线状地物进行片刻时间定向。

尽可能选取包含面状地物和线状地物的区域,设计的线路是循着林中几条明显的小路,有利于参加者辨认。在每一次线状地物改变处不一定都设置检查点,要花多一点时间定向。线状地物不同于小路,可多次使用(图4-1-15)。如起点是高压线铁塔,然后到小路连接处,再到洼地,再到小路连接处,在田野结束。

图4-1-15　利用线状地物定向

五、设定攻击点

定向运动赛事组织者一般会在明显、较大的地物两旁的特征物附近设置检查点,选手通过辨别在线状地物两旁的特征物,在特征物附近很快能找到检查点,这些被瞄定的特征物又称为攻击点。训练参加者辨认出一线状地物两侧的物体,如小路旁一块显而易见的大圆石或是路边的一座建筑物都可以。这样就可以学会怎样离开线状地物,朝附近有一明显特征物的地方跑。但要保证线路上有能在地图上辨认出的一个地方、沿着扶手的一个攻击点,就可以找到检查点。

1. 利用攻击点查找检查点

(1)在线状地物如小路旁明显特征物对应地设几个检查点,如果无明显特征物,可在树上系彩带,提醒参加者,看到树上彩带就意味着快到一个检查点了。

(2)出发后见到了多少个攻击点？找到了几个检查点？它们都在哪儿？画下这些检查点的位置或用针刺孔做记号。

(3)注意:参加者沿着线路跑时,不要太快,必须向两侧查找检查点。最好一个小组有一名教练,适当给予指导(图4-1-16)。

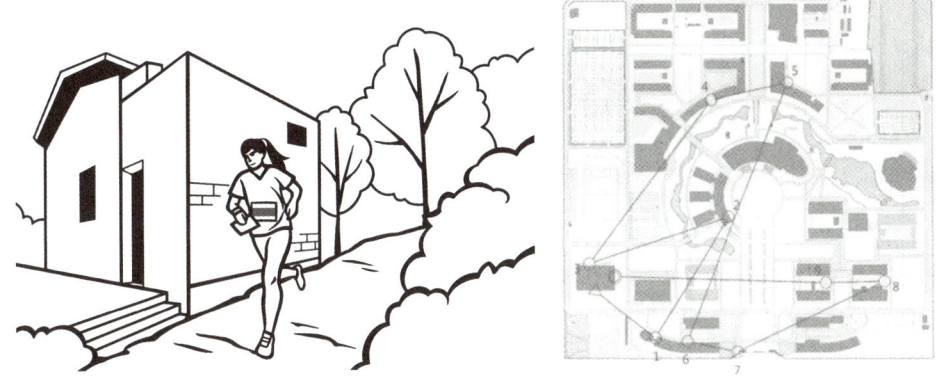

图 4-1-16 利用攻击点捕捉检查点的训练

2. 练习步骤

第一步:在这段路程中,参加者站在这条线路的何处?指出这幅地图中左边的建筑物,以此类推。

第二步:在这段路程,要求参加者一个一个地进行,或以很小规模的小组进行,朝溪流走去,指出大圆石。其他人停在不同的地方,指出某种其他特征物,以此类推。然后教练检查,看看每个人是否都找到了应找到的特征物。

第三步:每个人单独去找到这条线状地物(小路)旁的检查点。检查点应设在明显的地方。

【初级技能测验 D】

在一条线状地物旁定向。

沿着由几条路组成的线路实地设置几个标志物(如彩带等),每个都指向离线状地物很近的一个检查点,每人开始时都沿线状地物朝着标志物跑向第一个检查点,并用针在地图上打孔,标出这个检查点的位置。然后他们继续向下一个标志物前进。那些标志物所在位置在地图上将由针刺的孔连成一条线。结束后,检查针刺孔的形状。

六、学会抄近路和急转弯

参加者抄近路通过一块地方,从一条线状地物到另一条线状地物的距离最多 100 m 远,如果方向难以把握可借助指北针。鼓励并指导参加者采用抄近路方法。

1. 追随跑

教练先在自然条件许可的情况下抄近路跑出几条线路,参加者按地图试着跑。跑完每条线路,讲解抄近路的原因。

2. 抄近路

选择一块拥有小路或高压线等线状地物及明显特征点的地域进行抄近路练习,教练将各检查点设置在线状地物附近,且能让参与者较易看到的地方。教练沿着小路设置了两个检查点 1 和 2,两者之间沿着路上距离约为 500 m。参与者站在 1 号点经过地对照后,将山上的高压线塔视为攻击点,采用急转弯直接从 1 向西南方向直奔高压线塔穿过这块地域(图 4-1-17),在塔下山脚处找到 2 号点,其奔跑距离不足 100 m。但从 1 号点如果利用扶手法沿着大路跑到2号点,要多跑5~6倍的距离。抄近路是在教练指导下的"有路也越野"的典型训练,可利用"攻击点(特征点)"和"扶手(线状物)"灵活机动地选择路线。

图4-1-17 抄近路训练

3. 搜寻彩带

训练沿线状地物快速选择抄近路的定向能力,可将彩带系在能抄近路的点上,作为瞬间抄近路的重要提示。

【初级技能测验E】

直线定向。

在设计本级别测验用地图时,在图上画出一条设有很多抄近路情况的线路。在线路上必须画出几个检查点(经过证实的正确的检查点),也画出"假的检查点"(图4-1-18),对应图上的位置在实地设立几个监督员。测验时监督员做记录:看看哪些人是直线抄近路,哪些人仍然在依赖"扶手"绕道前进。需要注意的是利用"扶手"是一项重要的技能,"抄近路"是一项更重要的技能,学会"抄近路"对参加者有更大的帮助。

图4-1-18 多条线路的抄近路训练

七、使用特征物进行短距离定向

练习者在森林地带使用所见特征物如道路、小路、高压线、田野边界或其他类似物,进行短距离练习。距离最多200 m,可借助指北针。练习步骤如下:

1. 依据指北针

在行进训练过程中,利用指北针迅速给地图定向,并且始终保持地图方向与实地方向一致,这就是所谓的地图始终被标定,在初学阶段,养成这样的良好习惯是十分重要的。而在比赛中,标定地图是一个持续不断的要求,不管采用何种方法标定,从比赛的开始到结束,都应做到地图始终被标定。

练习者分为几个小组,每组有一名教练。利用林中一块合适的地带,用指北针定向。通过练习教会练习者掌握特征物与线状地物的连线是"北—南"磁北线。在 100 m 范围内,寻找到特征物返回后让每个人单独做练习(图 4-1-19)。

图 4-1-19　利用指北针快速给地图定向

2. 之字形线路训练

训练时使用的指北针最好选择拇指式指北针。尽可能找有地形变化的地域,选择两条相距 100~200 m 平行的线状地物,制作成定向越野用的真实地图。

3. 留有空白的线路

如图 4-1-20 所示,图上设计一条环形线路(就是由起点出发,跑完后再回到起点的线路,每个人都要遵循这条线路)。在这条环形线路上要留下一定的间断空白。从起点出发(图上是有画着箭头的线路的)走完图上这条画有箭头的线路(在图上会给运动员剩一小段空白),运动员必须朝一个特征地物定向,例如,田野、高压线、小路等。

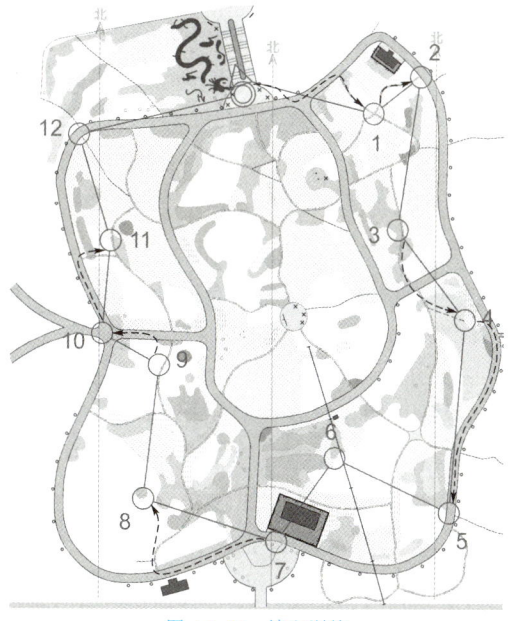

图 4-1-20　填空训练

八、百米定向实践

百米定向赛通常是在大约 100 m×100 m,开阔、易跑、通视度好,伴有音乐的天然或人工布置的微型现场地中进行的。观众可以观看整个比赛过程。运动员要在观众观看之下完成整个比赛。百米定向赛可以检验运动员在复杂环境的高压下保持集中,以及在不断改变速度和方向中调控节奏、选择线路和完成线路的能力。检查点很简单,寻找检查点的挑战来自检查点周围有许多相似的其他线路的检查点。组织者甚至在同一特征点的不同位置都可能设置检查点,还可能在比赛场地拉彩带,设置障碍物、梅花点、必经线路等来增加比赛难度。最后一段必经线路应是一条长度超过 30 m 的直道。百米定向训练如图 4-1-21 所示。

图 4-1-21　百米定向训练

运动员在出发区得到一张地图,即可在赛前分析地形和做线路选择。比赛区、起点和终点是有严格界线的,未出发运动员不能够看到别的运动员的比赛过程。比赛地图采用 1∶500 的大比例,等高距为 1m。在比赛区域内的每一棵树木都被标注在图上,比赛的线路距离一般为 150～400 m,设置 5 到 10 个点标。百米定向还能够提高定向的可视性,可在电视机前向广大观众生动地展现。在比赛场地和现场观众等之间设置必要的隔离带,以确保运动员在比赛中不会受到干扰。另外,也可将现场观众、媒体记者和摄影师明确地分开。

百米定向的核心是检查点捕捉技术,包括发现点标旗、到达检查点、核对检查点代码、打卡、迅速离开检查点一系列活动。

运动员比赛或练习时,拿到地图瞬间,不要着急盲目地跑出去,应先看清地图,明确自己的站立点,跑的时候前面 3 个点切记不要太快,确保前面 3 个点能很顺利找到,从而建立自信心。每打完一个检查点的卡时,一定要明确下一个点的行进方向,不要在检查点处做太长时间的停留,当按预先选好的线路离开检查点时,记得要重新检查前进方向是否正确,并确定下一个检查点和行进方向,保证比赛的流畅性。切记:拿到地图时,先标定地图即确定地图和地形保持一致,这时要保持地图不动,当到达下一个检查点时,要迅速转动身体,面向下一个点(人动,图不动),这样基本上不需要指北针,还可以节省很多时间。百米定向对速度要求较快,打卡时一定要确保每个检查点都打上。

图 4-1-22 是省级大学生锦标赛百米定向地图,当打完 4 号点就可以明确 5 号点的行

进方向,这样会节省很多时间,还要注意最后一个点到终点是必经线路,一定要按照必经线路跑到终点。百米定向主要比的是运动员的敏捷能力和奔跑速度,所以平时训练要注重专项技能练习和体能强化。

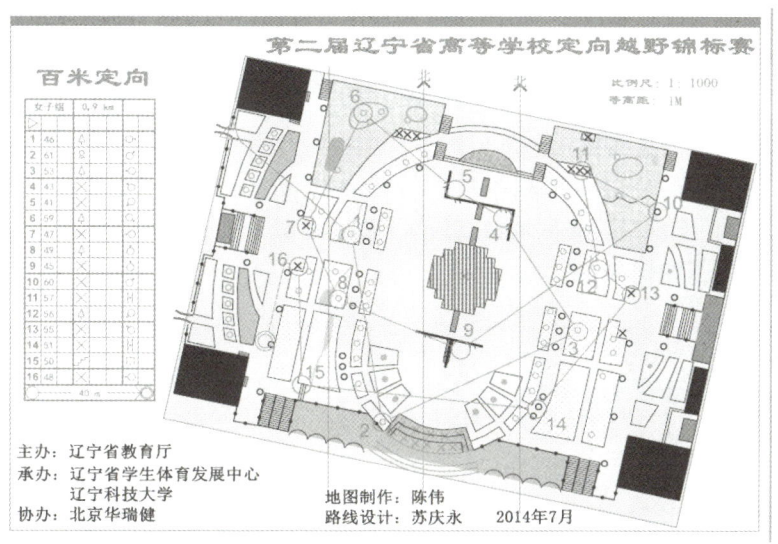

图 4-1-22　第二届辽宁省高等学校定向越野锦标赛的百米定向地图

【初级技能测验 F】

1. 预测验

用指北针给地图定向,运动员朝着要寻找的特征物跑,并在找到的点上系一个彩带作为标记。然后跑向下一段路程,并以此类推,直到终点。最后再从终点返回,看看是否能找到自己系的每一条彩带(图 4-1-23)。

图 4-1-23　用彩带标示线路的训练

2. 初级技能水平测验

这次测验要选择参加者以往没去过的陌生地带进行,如安排在附近某个曾举办过定向运动的公园。本测验要包含初级技能所学到的每一要素。比如检查点设置:从开始到 1、2 检查点之间会包含 A 和 B,3 和 4 间,要有 D 和 E,5 和 6 间包括 E 和 F;以此类推。即使有人不能完全掌握初级技能,也能按初级技能水平的线路去完成。

初级技能主要考核指标

1. 使用地图和指北针

学会看懂地图里的比例尺、地貌符号、地物符号、磁北方向线、地域颜色、等高线、山脊、冲沟等;能看懂校园或小型公园的地图;学会指北针的使用方法;利用指北针来找准方向;学会利用指北针寻找检查点;在校园里、居民小区或公园里能利用指北针进行定向越野跑。

2. 选择最佳的行进线路

初步掌握定向运动线路选择的原则,能够在校园公园等比较容易辨别方向、标志物明显的场地做出线路选择。

3. 能够运用基本技术

初步领会定向运动中的一些方法及技巧,如实地使用地图的技术、选择定向定位技术、捕捉检查点的技术等。

4. 具备良好的专项身体素质

进行基本的专项身体素质练习(图 4-1-24),具备跑、跳、攀、爬等基本的活动能力。

5. 其他方面

了解什么是定向运动,能说出定向运动的常用术语及掌握基本的技术知识;能组织趣味性的课堂练习;具备在校园里或公园里完成 8~10 个点标、2~3 km 距离的定向能力。

图 4-1-24　速度素质训练

第二节　中级技能训练

在经过初级技能训练已初步掌握了到达检查点的各种方法的基础上,本节将继续进行最佳线路选择的实践训练,即训练如何在有两条或更多条通往检查点的路线中,做出更好的选择,而且每次选择都应当保持最简单的原则。通过系列训练能够判定出走哪条路最快、最安全。

一、学习选择道路

通过实地选择对比训练,掌握一些简捷方法,能够快速找到检查点。

1. 双程路线(往返路线)

选择那些点状特征物和线状特征物明显的区域作为训练场地(场地中具有能够设计一去一回线路的实地条件)。在定向地图上画出将要选择的两条路线。每条线路都是由两条路线组成的:一条是从起点通向各检查点;另一条是从各检查点返回到起点。设计制作地图时,路线一定要科学、准确。

第一阶段训练:

路线设计时要使去程路线(△→1→2→3)与回程路线(4→5→6→7→8→9→10)有明

显甚至是很大的区别(图 4-2-1)。只有在路线有区别、有对比的情况下,练习者才能比较出好与差。

第二阶段训练:

这个阶段训练时的去程路线与返程路线的差异不用很明显(图 4-2-2),让参训者仔细揣摩两条路线间的差异,养成会仔细审图细致揣摩最佳线路的好习惯。哪条路是最好的选择,只能去实践、去体验、去揣摩。所以跑一跑,在实践中尝试吧!

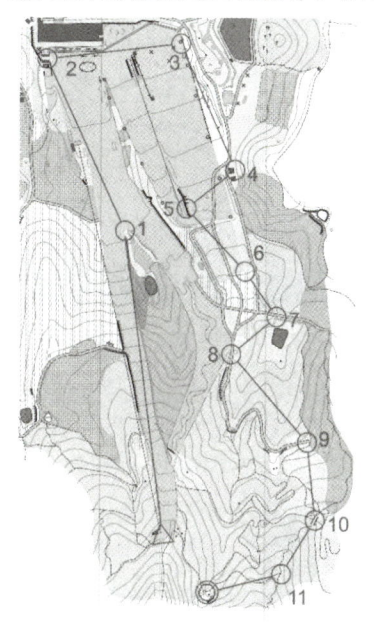
图 4-2-1　去程路线与返回路线差异大的路线

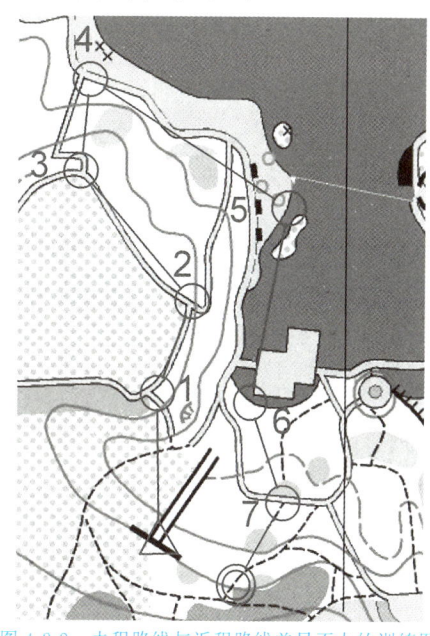
图 4-2-2　去程路线与返程路线差异不大的训练图

2. 单路路线

为到达每一个检查点选择一条较好路线,这条路线的选择方案不用在定向地图上画出。走同一条路返回,到达每一个检查点后,指出走的是哪条路线。

3. 自由选择路线

地图上不画出任何路线,每两个检查点间会有多条路供选择,其中有一条是明显好的。可在点与点间自由选择路线,每做完两个检查点练习后要向教练报告路线的选择。

4. 路线选择(一人跑两条路线)

在上个训练的基础上进行本次训练,地图上有可选择的路线。通过检查打卡(或指卡),能知道每个人走的是哪条路线。参加者要跑两次,试一下不同的路线,然后再讨论哪条路线最佳。每个人要养成习惯,跑完一条,在图上画下来,标出途中情况,然后讨论并与其他人的路线进行比较(图 4-2-3)。

5. 两人由两条不同路线找同一个检查点

(1)两人一组,每个人从不同的路线跑向检查点。首先到达的人要等另一个人到达之后,再开始下一个路程。

(2)可让参加者自己设计路线,但仍要让每组的两人一起出发。还可以让他们跑两次,第二次时,两人互换路线。跑完以后讨论。

图 4-2-3 路线选择练习

【中级技能测验 G】

设计几条难度较大的环状路线(图 4-2-4),每次跑的那一条线要经过几个带道路选择问题的点标。如起点→1、1→2、2→3、3→4⋯,以此类推。使用两条不同的路线(A、B),哪条路线好些?是 A 还是 B? 用不熟悉的地图设计出几个点标。参加者随身携带一张卡,标上他们选择的路线。跑完后讨论,为什么这条路线好于其他路线。

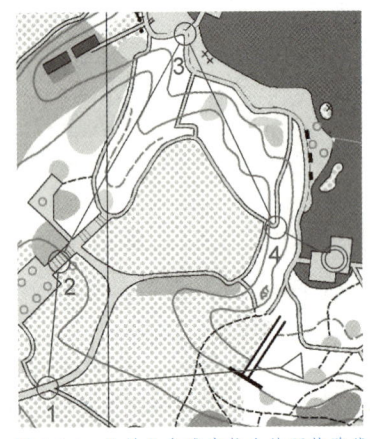

图 4-2-4 设计几条难度较大的环状路线

二、以明显特征物为目标的粗略定向

熟悉了树林里的路线选择后,就可以继续进行下一步的训练。以一个可见的明显特征物为目标,练习在 200 m 或更远的距离进行粗略定向。必要时可使用指北针帮助定向,在找到一个方向后按这个方向跑。

1. 用指北针辨方向

教练先做示范,学会如何找一个方向并朝这个方向定向。画一张训练迷宫图:在一块大约 20 m² 的开阔地,设置好各个检查点。在地图上只标出检查点的所在位置以及南北方向的几条线。当学生能很好地完成时,让他们在同一块地域用不同的路线再练,但这次要借助指北针完成,学会指北针与地图实时"捆绑在一起"的技能(图 4-2-5)。

训练时用小型或常规型指北针来选定路线。在一块有边界的开阔地上设置几个检查点,用一张只画出一条南北方向线的空白地图,或用一张正式地图。路程应为 50～100 m。检查点设在开阔地的边缘,用极小标记标上。跑出一条星状环形路线。

2. 狭地—走廊定向

训练:朝一个可见特征物做初步定向,如果没有较清晰的可见物,则可在一条线状区域两边系几条彩带构成一块狭地,每个人必须保持在狭地内,各个检查点要标在途经的线状地物上。也可将彩带系在各个检查点之间,使参加者更容易看出他们做得对。要想使这一训练更难一些,可将地图上狭地以外的部分遮盖掉,变成一个走廊(图 4-2-6)。下一步通过尝试不在狭地两旁的线状地物上系彩带来增加训练难度。

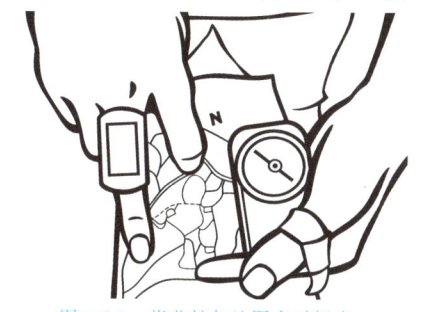

图 4-2-5　指北针与地图实时标定

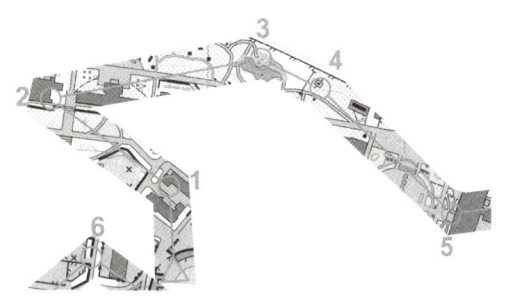

图 4-2-6　走廊定向路线设计

【中级技能测验 B】

检查点捕捉——要求准确到达检查点,快速找点标。

沿每一条线状地物设置多个点标(每个点标上面有数字)和打卡器,使参加者能看到他们要到达线状地物的哪个地方。每组各个点标(图 4-2-6 中 1—6)之间的距离应为 50～100 m。也可用不同颜色的彩带代替图中的 1—6,要找到正确的点标必须从 3 与 4 之间穿过。3 和 4 要用明显的彩带标明。

三、短程精确定向

精确定向是指仔细地朝相对小的特征物如 30 m×30 m 的沼泽地或一小块田野定向。路程必须短——不超过 200 m。要保证特征物在检查点附近,并且有好的攻击点,这非常重要。

可用指北针,并且在教会参加者详细看地图的同时,应教会参加者朝一个准确的方向进行瞄准定向。训练方法如下。

1. 双检查点

在一条普通的路线设置几个攻击点,可用大的点标旗表示。在攻击点上方设立检查点,这个小的点标才是真正的检查点,攻击点和检查点都带有数字号码。在检查点卡上要标出找到的这两种点的总数。

2. 跟随教练

由一名教练带领一个小组跑一条路线,边跑边做示范:如何确定一个好的攻击点、扶手,如何仔细地进入检查点"红灯"。

3. 红绿灯

绿灯是指粗略定向阶段:当运动员用指北针和地图大概定向后,以最快的速度跑向扶手即目标地形和攻击点。

黄灯是指即将到达攻击点阶段:这时要放慢奔跑的速度、仔细观察前面的地形和地图。

红灯是指精确定向阶段:站到攻击点上给地图重新定向,用拇指式指北针右侧与图上攻击点和要找的检查点连线相切,指北针的尾部对正身体后,转动身体使指北针上的磁针与地图上的磁北线平行,这时运动员向前瞄准,并看准检查点说明,沿着该方向奔跑向检查点。

将红绿灯引入训练是想说明一个道理:第一,定向难度变大时,速度必须减慢;第二,要让运动员的速度适应每一赛段的实际情况。

跟随教练学习红绿灯技术:教练在前面跑,小组的学员在后面跟随,按地图上的线路跑。教练边跑边告诉学员哪儿属于绿灯阶段或黄灯阶段或红灯阶段。每个阶段用什么速度,在红灯阶段要站在攻击点用指北针与地图向检查点精确瞄准。

四、学懂弄通等高线

要学会从地图上看哪座山是最高的,哪座是最陡的,山是什么形状的。在一张三维地图(模型)或一个地图沙盘的帮助下,讲解等高线的轮廓。甚至将一块大圆石假设为一座山,可以在这块大圆石上画轮廓线;也可用橡皮泥堆成一座山,再用刀子平行切,将切下来的部分放在桌面上,然后观察每一部分的切口,把切口线从大到小叠加起来。

1. 玩沙盘

训练用小山的轮廓和它们在地图上的样子进行比较。选出地图上的一座小山,让参加者用沙子堆出这座小山,然后再堆出另外一些不同规模与形状的小山。教练示范如何将这些山中的一座用轮廓线画出来后,再让参加者把其他山的轮廓画出来。最后让他们在沙子上做一个完整的景观,并用等高线画出该景观的定向地图。等高线模拟沙盘如图4-2-7所示。

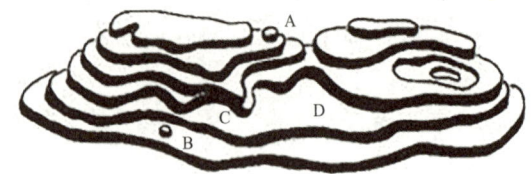

图4-2-7 等高线模拟沙盘

2. 地平线定向

站在一座小山上或一片开阔的平地上,将远处观察到的小山与它们出现在地图上的样子进行比较。

3. 沿等高线水平步行

选择一个相对开阔的有多座小山地区做一次地图步行。指出哪些是大山,哪些是小山,这些山坡是陡或是缓。站在一座很开阔的小山前,用彩带标记出三条轮廓线,每条轮廓线用不同的颜色。跟地图进行比较。爬上山,沿一条轮廓线走一会儿(图4-2-8)。

图4-2-8 根据等高线画山形

说明箭头所指方向地势升高还是降低或是在同一高度(图4-2-9)。

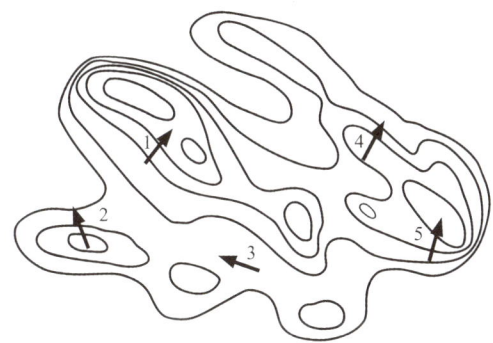

图4-2-9 根据等高线判断地势变化

4. 根据山形画等高线

根据山形画等高线,让参加者能将这些山的轮廓和画在地图上的等高线进行比较。把画在地图上的几座小山的轮廓剪下来。参加者应能看着这座小山,辨认出它的等高线;或通过小山的等高线认出这座小山(图4-2-10)。

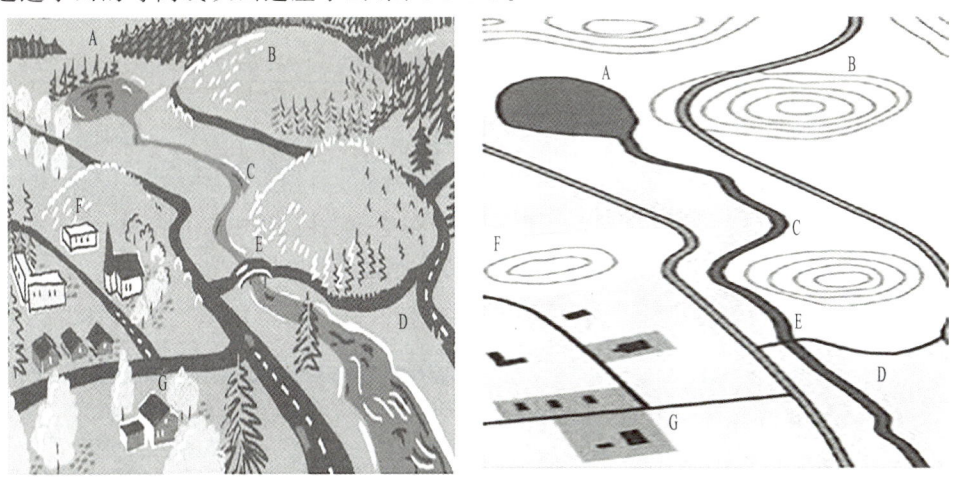

图4-2-10 山形与等高线对应练习

五、沿山脚或山谷边缘进行定向

参加者要学会利用圆形山包作为"线状地物",当作"扶手"。比如:可沿着一座圆形山包、一个垄埂的隆起部分或一个明显的大凹角的边缘跑。

1. 模拟汽车司机一对一陪练

一名教练在前面跑,就像司机发动汽车把握方向,受训的人跟着跑。沿着沼泽或小山坡跑。改换"司机",由受训者来当。不要使用指北针定向,只按需要的方向跑,教练在旁边观察,发现跑偏应及时纠正。带小组训练时,让小组成员轮流担任"司机"。

2. 在墙内跑

所谓墙,是指运动员心中的"围墙"。教练要教会参加者利用小山或沼泽地作为可见特殊地物或检查点的"外延",这既可以作为零线,也可以作为设置检查点的自由定向,因此,特殊地物就成了检查点的"外延"。这是一种很重要的识图方法。做法是从检查点向运动员站立点的方向延伸,并把延伸途中的大型地物连接起来。这个连线就是运动员进行粗略定向的走廊,即我们教运动员"墙内跑"的"墙"。

3. 曲线行进

不用指北针,沿着新的线状地物跑完该线路(图 4-2-11)。

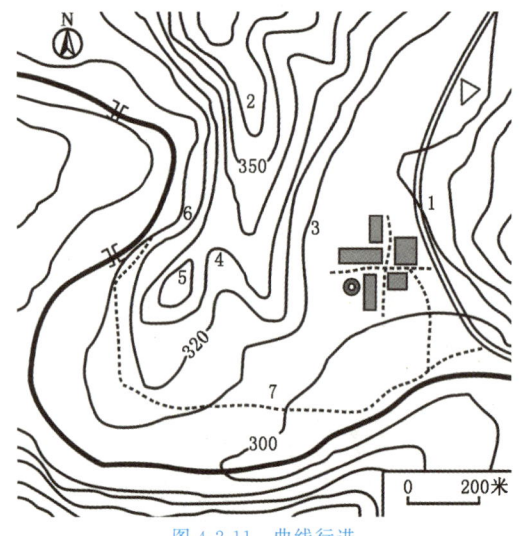

图 4-2-11 曲线行进

4. 只有轮廓的地图

设定一条必须利用小山和凹角的线路。学习利用等高线、小山、山谷等特征点找寻检查点或标志物。仔细观看图上的等高线,然后到实地去认证。

【中级技能测验 C】

在走或跑曲线线路时沿新的线状地物设有几个检查点。训练时,不用指北针。教练先带队走一圈,然后在这条线路上设置点标和打卡器,让学员分批出发找寻检查点并打卡。

六、详细辨认轮廓线(即等高线)

拿着地图在山区边走边看是最好的学会看懂等高线的方法。可以慢慢地走,足以看清楚地图上显示的各种小圆包、山坡、山谷和凹地。

1. 在山区进行利用地图步行的"图地对照"训练
(1)在一个多小山地区做一次持地图步行,边走边指出小山谷、小圆包和山坡。
(2)参加者走到特征物的地点后挂彩带标志,并在地图上做标记。
(3)参加者在一张白纸上画出多个小山地形的地图。

2. 不使用指北针的零技巧
在紧挨一个多小山地区设置几个检查点,参加者必须利用这些等高线,走完或跑完这一条线路。

3. 环形路线训练(图4-2-12)
在一条只有轮廓线的地图上设计一条环形路线。教练首先带学员沿路线走一遍,然后再设置检查点分批出发,寻找点标,计时打卡。

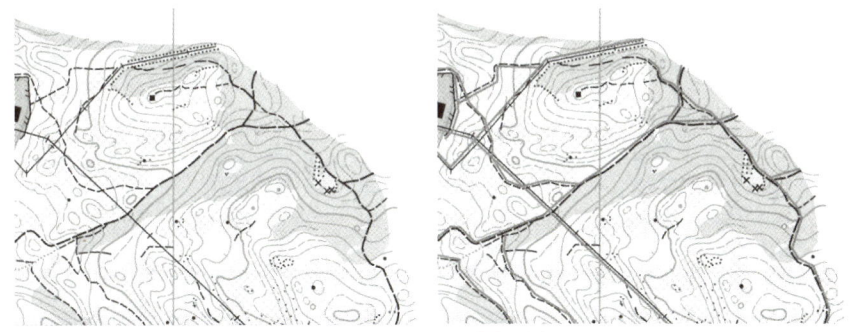

图4-2-12 环形路线训练

【中级技能测验D】

不用指北针的技巧路线

自由定向,但是参加者必须利用等高线确定检查点的位置。每次跑的新环形路线要比上一次的难。设计两条或两条以上环形跑路线,测验路线见图4-2-13。

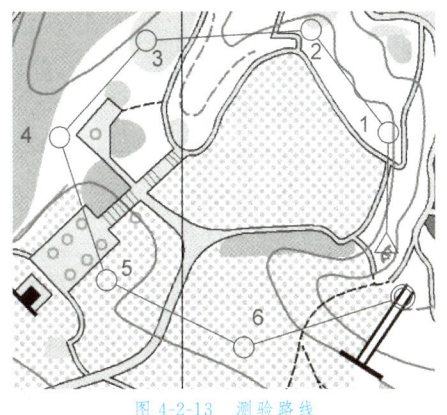

图4-2-13 测验路线

中级技能考核指标

1. 使用地图和指北针

学会分析野外或大型公园地图,能利用指北针给地图定向;能利用指北针在公园、居民小区或野外完成定向跑;能利用指北针单独完成接力定向、专线定向。

2. 选择最佳的行进线路

在点标间距比较短或线路不交叉或点标与点标间角度大于90°情况下,做出线路选择。

3. 能够运用基本战术

掌握两三种定向运动项目的技术及方法。

4. 具备专项身体素质

具备较全面的跑、跳、攀、爬、涉等基本的活动能力,以及一定的户外奔跑能力。

5. 其他方面

学会并掌握精确定向方法,能准确画出自己所在站立点的位置,掌握接力定向的方法,及定向运动的简单竞赛规则;具备在校园或公园完成15~17个标点,3~4 km距离的定向能力。

第三节　高级技能训练

如果使用地图与指北针的技术已达到这个阶段的水平,就可以成为定向运动的运动员,也就能轻松利用地图和指北针到任何自然界中去徒步定向,并能熟练地利用道路、轨迹或其他线状地物,进入新世界。

如果运动员想使徒步定向越野技能再上一个台阶,必须要有新的挑战。运动员要对定向越野知识和能力有更高的要求,在徒步定向运动过程中,要在经过一个困难地域时尽可能地既熟练又迅速地到达目的地,快速准确找到检查点,只有将速度和准确度两者完美结合,才能快速找到检查点。许多参与者或者运动员已经有相当好的水平了,但仍想进一步迎接更高的挑战,那就应先在训练实践中大胆试下面这些竞赛课,在进入这些更高阶的课程以及比赛之前,需要进一步训练,去提高技能。

一、高级技能

寻找国内比赛用的地图(图4-3-1)进行练习:

(1)快速看懂等高线,并认出等高线和其他特征物。

(2)让速度适应地域的变化和定向的难度。

(3)在跑动中识别检查点。

(4)做最适合运动员自身技能的线路选择。

(5)在难度大的地域进行定向训练。

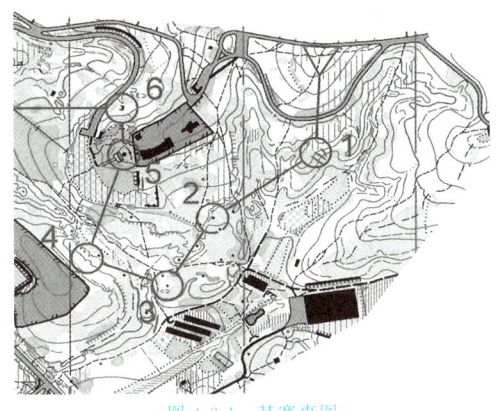

图 4-3-1　某赛事图

二、高级技能训练

(1)通过更长的路程。

(2)从攻击点到检查点经过更长距离。

(3)在快速奔跑中识别等高线。

(4)推断出详细的信息,做更精确的定向。

(5)练习跑中识别小扶手、线状地物等特征物;运用小山或沼泽地等特征物做"检查点外延"等。

(6)学习该地域的一般性工作和比赛的技能。

高级技能考核指标

1. 使用地图和指北针

熟练掌握国际定向越野地图及指北针的使用,在复杂环境下精确定向,利用指北针快速识别方向。

2. 选择最佳的行进路线

在不同的环境和条件下做出路线选择,如在各检查点间距离长、前进的方向时常变化、点标比较难找的情况下,都能选择出合适路线。

3. 能够运用基本战术

掌握较多的定向运动项目的技术及方法,并能在比赛中熟练运用。

4. 具备专项身体素质

具备全面的跑、跳、攀、爬、涉等专项运动能力,以及较强的野外奔跑能力。

5. 其他方面

掌握夜间定向、五日定向跑的基本知识;学会如何科学地制订运动方案;完成标准定向地图的绘制、线路的设计;组织班级间的小型比赛;参加校级以上的定向跑比赛。

三、定向运动竞赛技能培养

根据定向运动竞赛过程结构,分阶段对运动员定向运动技能进行实践训练。

(一)出发技能的培养

出发技能对定向运动比赛非常重要。出发阶段(图4-3-2),运动员必须调整好心态,在拿到地图后准确、迅速地标定好,浏览全图,根据图上标示的定向路线,快速理解路线的基本走向,明确出发点与终点间的关系。迅速进行地图与实地对照,贯彻好路线选择原则,即"有路不越野""走高不走低""遇障提前绕""就近不就远"四大原则。选准适合个人情况的出发点到1号检查点的具体运动路线。总之,出发阶段的任务即标定地图,理解并记住线路走向,依据线路选择原则选择好线路,想办法走上大路,然后迅速奔向目标点。

图4-3-2 出发阶段

(二)途中技能的培养

途中技能会因人而异,但均表现出两项基本技能:一是随时标定地图,一般根据明显地物地貌点标定或者根据指北针标定;二是明确站立点在地图上的位置,做到"人在实地走,指在图中移"。其具体运动技能主要有以下七种:

1. 分段运动法

如图3-4-3所示,当参赛者在2号检查点上,要根据图上2号与3号检查点的位置,将运动路线分成到达辅助目标鞍部再到达山脊南侧断崖,最后到达水坝。这样前进,既可把握好行进方向,又能随时明确站立点在图上的位置,并能减少读图时间,提高找点进度。

2. 连续运动法

连续运动法在分段运动法基础上,在未达到某个辅助目标前的奔跑过程中边跑边根据地图分析下一段能通视地域内的地形,若能提前选定下个辅助目标及路线就不需要在辅助目标上做停留来寻找检查点,进而形成连贯运动。

3. 连续记忆法

连续记忆法将最佳路线记在脑中,运动中按所记忆的路线行进,并在到达某一检查点前又将下一路段的路线记在脑中,以便到达检查点时能立即离开,连续寻找检查点,如此循环。

4. 依扶手运动法

扶手一般指道路、高压线等线性地貌地物。依扶手运动法是指从某检查点出发,先沿小径运动,看到鞍部再沿小路前进,就像用扶手控制运动方向的方法。

5. 依点运动法

依点运动法指利用明显的地物特征点,采取分段法及连续运动法寻找检查点的方法,其特征是用点来控制运动方向。

6. 提前绕行法

这种方法是指在两个检查点之间有大的障碍时,提前想好绕行方法,并将绕行时间降到最少。

7. 距离定点法

距离定点法在起伏不大、无道路、有植被覆盖、通视较差时使用。首先确定前进方向,测出站立点与检查点的距离,并换算成复步数,边记下复步数边接近目标点,直至找到检查点。

(三)检查点技能的培养

定向运动的核心问题是检查点的找寻。寻找检查点的重要原则:当接近检查点时,要在地图上分析,确定下段最佳运动路线所处的两侧地形,对检查点的实地位置做到心中有数,争取一次"捕捉"成功,并在"捕捉"成功之后,迅速打卡离开,避免为他人指目标(图4-3-3)。接近检查点的技能通常来讲有四种。

图 4-3-3 检查点阶段

1. 简化法

简化法即抓住靠近检查点附近的地形地貌的主要特征,快速接近检查点,利用小山丘脚作为明显特征地物并当作接近检查点的扶手。

2. 放大法

放大法即在接近检查点前谨慎前行以便容易发现检查点,一般从侧方接近更易于发现。

3. 偏向瞄准法

偏向瞄准法即当检查点在扶手地物上或一侧,并且运动方向与扶手地物的交角较适宜时,根据地形条件,有意向左或向右偏离检查点,运动时以该线状地物为攻击目标,当运动到该地物时,再向右或向左沿扶手寻找检查点,为了避开灌木丛或其他一些类似地区,用指北针瞄向岔口的一边,当到达小路时,沿小路即可到达检查点。

4. 顺延法

顺延法即顺着通向检查点的地物到达检查点。

(四)终点技能的培养

当找到最后一个检查点后,根据出发时明确的出发点与终点的关系,以及已选择的最佳运动线路或组织者规定的必经路线,结合自己的体力状况,以最快速度向终点运动,接近终点时做最后的冲刺。

第五章　定向运动专项素质练习

定向运动是在野外复杂地形上越野跑。没有绝对相同的路程,可能迈出去的每一步所遇到的路况都不一样。根据国际定联制定的标准,男子精英组的比赛距离在 18~20 km;女子精英组的比赛距离在 10~20 km,比赛线路的路面既不像公路马拉松那样平坦,也不像田径场塑胶道上那样有规律、有弹性,线路上有山路、有水域、有树林、有荆棘,路况比较复杂。这就要求参赛者具有适应各种地形、准确判断快速抉择并能长时间越野奔跑的能力和良好的身体素质。

第一节　定向运动专项身体素质

良好的身体素质让人能够胜任日常生活与工作需要,在体育运动中有突出表现。在身体素质自然增长的基础上,运动是提高身体素质的催化剂,良好的身体素质,又是提高人体活动能力、掌握各种运动技能的基础和保证。专业的定向运动员应该具备较强的身体素质,除了需要有足够的体能和出色的速度,还要有充沛的力量和耐力素质,同样必不可少还有方位感、灵敏性和协调性等素质。

一、耐力素质及训练(图 5-1-1)

(一)耐力素质的概念及意义

1. 耐力素质

耐力素质是指人体在进行长时间工作或运动中克服疲劳的能力,是反映人体健康水平或体质强弱的一个重要标志。一般从不同应用层面将耐力素质进一步细分,又有了不同的概念。

(1)根据与专项运动的关系,将耐力素质分为一般耐力与专项耐力。

一般耐力是指运动员身体各器官系统长时间协调工作的能力。一般耐力是机体在多肌群、多系统长时间工作的条件下形成的,为专项耐力的发展创造了良好的条件,是专项耐力发展的基础。

专项耐力是指运动员为了提高专项成绩,最大限度动员机体能力,长时间地承受专项负荷,并保持工作的能力。良好的一般耐力水平有助于运动员在专项耐力的发展中获得成功。

（2）根据器官系统的机能，耐力素质又分为心肺耐力和肌肉耐力。

①心肺耐力是指运用循环系统保证机体长时间肌肉活动时营养和氧的供应以及运送代谢废物的能力，是反映人体心脏、肺、血管与组织细胞的有氧能力指标，是影响耐力素质最重要的内在因素。根据运动时能量供应中氧参与的程度，心肺耐力又分为有氧耐力、无氧耐力、混合耐力和缺氧耐力。

有氧耐力是指机体在氧供应充足情况下的耐力；

无氧耐力是机体在氧供应不足产生氧债情况下的耐力，可以分为乳酸供能（糖原无氧酵解供能）无氧耐力和非乳酸供能（ATP、CP分解供能）无氧耐力。

混合耐力是指机体在有氧和无氧双重情况下的耐力；

缺氧耐力是机体在严重缺氧或处于憋气状态下的耐力；

②肌肉耐力是指运动员肌肉系统在一定的内部与外部负荷的情况下，能坚持较长时间或重复较多次数的能力。

这些概念可以从不同层面反映人体长时间工作能力及机体抗疲劳水平。

2. 发展耐力素质的意义

耐力素质是人体的基本身体素质之一。耐力素质较佳，可以使运动持续较长时间，且不易疲倦，也可以使日常工作时间更久，更有效率；耐力素质较差，不仅容易疲劳，而且运动后恢复缓慢。耐力素质在超长距离跑、长距离跑、中长距离跑等周期性运动项目中的意义是不言而喻的，对定向运动项目也有着重要意义。

（1）通过耐力训练，运动员的呼吸系统、血液循环系统的功能得到提高，从而增强了机体的抗疲劳能力。抗疲劳能力越强，有机体保持持久的运动能力越强，有利于创造优异成绩。

（2）通过耐力训练，呼吸及心血管系统机能得到发展，血氧供应充分，有利于增加机体能量物质的贮备，使机体生理、生化功能提高，缩短训练后消除疲劳的过程。机体快速恢复可以使训练间歇缩短，增加重复次数，有利于完成大强度、大运动量的训练任务。

（3）经过合理耐力训练，运动员提高了抗疲劳及疲劳后机体快速恢复的能力。快速恢复和提高大脑皮层中枢兴奋与抑制过程有节奏的交替能力，再加上有充足的能量供应，都是力量、速度、灵敏等素质发展的物质基础，可以促进其他素质的发展。

图5-1-1 耐力素质训练

（4）通过耐力训练还可以培养运动员坚毅、顽强、勇于克服困难的品质，这对于定向运动员的心理素质的培养及技术、战术的发挥很重要。随着科学技术的发展,竞技场上人才辈出,现代的运动竞赛更为紧张激烈,运动员消耗的体能比以往更多,所以比赛不仅是比技术、比战术,很大程度上也是比体力、比意志。运动员如果没有良好的耐力素质,无论在体力上、心理上以及技术、战术的发挥上,都很难适应竞争激烈的比赛需要。因此,应将定向运动参与者耐力素质训练的认识提高到一个新的地位。

(二)耐力素质的构成要素

耐力素质的基本构成要素主要有:
(1)中枢神经系统的功能;
(2)最大摄氧量;
(3)有机体的能量储备与能量供应能力;
(4)有机体机能的稳定性;
(5)有机体的机能节省化程度;
(6)肌肉中红肌纤维数量;
(7)速度的储备能力;
(8)个性心理特征。

(三)发展耐力素质应注意的事项

最大限度地发展耐力素质需注意以下事项:

1. 耐力素质训练应遵循人体生长发育规律

耐力素质的发展水平与其他素质一样,在相当程度上受到人体生长发育水平的影响。如果耐力水平与生长发育水平不匹配,非但不能收到良好的训练效果,还可能会严重损害人体健康。因此,根据运动员的发育水平,合理地安排耐力训练,是发展耐力素质过程中一个非常重要的步骤。

2. 耐力素质训练要注意体现运动员的个体差异

要最大限度地发展耐力水平,就必须在训练中体现大负荷训练的原则。由于运动员之间训练程度、机能水平、项目要求等方面都存在着不同的差异,因此,耐力训练的方法与手段应有所不同。而且训练的强度、训练的持续时间、间歇的时间与方式以及重复练习的次数也应根据实际情况有所差异。

3. 耐力训练应注重呼吸方法、节奏和深度

发展耐力素质,特别是发展有氧耐力水平,正确的呼吸方法是十分重要的。呼吸的作用在于摄取发展耐力的必要氧气。机体摄取氧气是通过加快呼吸频率和加深呼吸深度来实现的,而后者更重要。训练有素的运动员在呼吸时,不是靠加快呼吸频率,而是以加深呼吸的深度(特别是呼气的深度)来调整的。只有呼气深,呼吸道中的二氧化碳吐出得多,才能吸进更多的氧气。同时应培养运动员用鼻子呼吸的习惯,因为鼻腔有黏膜可以净化并湿润空气,再吸入气管,可减少尘埃和冷气进入肺部。运动员应注意在训练时保持呼吸节奏与动作节奏协调一致。呼吸节奏紊乱会使动作节奏遭到破坏,也会使能量物质的消耗增加,不利于耐力水平的提高。

4. 注意有氧耐力与无氧耐力训练相结合

有氧耐力和无氧耐力虽然在代谢过程中表现出较大差异,但是两者存在着非常密切的关系。有氧耐力是基础,无氧耐力的发展是建立在有氧耐力提高的基础上。通过有氧耐力训练能使心脏体积增大,每搏输出量提高,从而为无氧耐力的发展打下坚实的基础。如一开始便是无氧耐力训练,很难提高每搏输出量,还会影响全身血液的供给,对今后耐力素质发展不利。反过来,发展有氧耐力过程中,穿插一些无氧耐力训练,能改善运动员的呼吸系统和循环系统的功能,这有利于提高机体输送氧气的能力,对提高有氧耐力水平极为有利,所以在耐力训练中要注意两者的结合。

5. 耐力训练要根据定向运动的特点,科学安排运动负荷

不同强度的运动负荷对人体内有氧及无氧代谢供能的比例要求不同。定向运动的耐力素质训练必须以发展有氧代谢能力为重点,以强度不大的慢跑为主。在发展有氧代谢能力的基础上,适当加入短距离大强度负荷来合理发展无氧代谢能力,培养明确目标后的快速奔跑能力。长时间进行有氧耐力训练时,对运动员的定向技能应用要有严格要求,使之正确、协调、准确。这可使神经系统的兴奋与抑制过程合理、稳定,有节律地交替,从而推迟疲劳的产生。

6. 耐力训练后应注意消除疲劳

耐力训练时间长,消耗的能量大,所以训练后积极补充能源物质很重要,能使训练后机体更快地恢复并获得超量能源的储备。另外还要采取有效措施和手段,使疲劳的肌肉及神经系统得以放松和消除疲劳,为下次训练创造条件,这对定向运动项目的运动员极为重要。

7. 耐力训练要注意加强医务监督

由于耐力训练时间较长,运动负荷较大,对人体各系统的影响也比较深刻。如果运动员在健康水平不佳或者机能能力有障碍的情况下进行大负荷的耐力训练,容易对人体各系统的功能造成严重的损害,所以在耐力训练时要加强医务监督。耐力训练中的医务监督一般包括两方面的内容:

(1)训练前的机能评定,包括血压、心率情况以及运动员的自我感觉等;

(2)训练时运动员对负荷安排的承受情况,如重复动作的变异程度、运动员训练时的面部表情等。

发现异常情况应根据实际情况,或减量或中止训练,以防不测。

(四)耐力素质练习的一般方法

1. 持续练习法

持续练习法是指在相对较长的时间(不少于30分钟)内,以较为恒定的强度持续地进行练习的方法。持续练习法具有持续刺激机体的作用,能提高心血管系统和呼吸系统的功能,能较经济地利用体内储备的能量,有利于发展有氧和一般耐力。持续练习法的特点是练习负荷量较大,没有明显的间歇。但是练习时的强度较小,而且比较恒定,变化不大,一般在60%的强度上下波动。持续练习时,强度可通过测定心率等方法计算,心率一般控制在140~160次/分钟的为宜,优秀运动员可达160~170次/分钟。这种练习较多用于运动训练的准备阶段。持续练习法的基本要素是重复练习的方式、时间与强度。在练习方式不变的情况下,练习的时间与强度可做相应调整,如练习强度大,时间可缩短;练习强度小,则适当延长练习时间。比如以适合自己的强度绕操场跑50分钟左右。

2. 重复练习法

重复练习法是指不改变动作结构和外部负荷强度数据，在相对固定的条件下，按照既定的间歇要求，在机体完全恢复的情况下反复进行练习的方法。重复练习法能使能量物质代谢得到加强并产生超量补偿与积累。该方法既有利于发展有氧力耐力，又有利于发展无氧耐力。重复练习法采用的距离长于或短于比赛距离，主要发展专项耐力，重复练习法每次练习的负荷量与强度可大可小，根据具体任务、目的而定。由于每次练习前均需恢复到练习前的水平，即心率在100~120次/分钟的水平上，故应保证强度在中等偏大或极限强度（90%~100%）范围内，从而使有机体的耐力水平得到有效的提高。重复练习法的一个重要作用是通过多次重复发展运动员的意志力。训练时，整个负荷量可以为4~8个比赛距离，休息间歇可根据重复的距离和强度安排5~10分钟。

3. 间歇练习法

间歇练习法是指在一次（或一组）练习之后，按照严格规定的间歇负荷和积极性间歇方式，在机体未完全恢复的情况下从事下一次（或一组）练习的方法。间歇练习法休息间歇的时间主要根据心率来确定，并不要求运动员达到充分的恢复，重复的距离则可根据时间或距离本身来确定。为了使练习效果更好，最好配合使用以下三种间歇练习法。在练习时要严格控制间歇时间和间歇方式。当心率降低到120~140次/分钟时，必须及时让运动员进入下一次练习；心率处于不低于120~140次/分钟时，心脏每搏输出量和耗氧量达到最大值，最有利于提高心肺功能。

（1）持续15秒~2分钟的短距离间歇练习，主要发展无氧耐力。比如冲刺100米，记录时间，间歇时间为慢走回来的时间，6个为一组，视情况做1到2组。

（2）持续2~8分钟的中距离间歇练习，可发展两种供能系统。此练习可以是800米冲刺跑，4个为一组，记录时间，视情况做2到3组。

（3）持续8~15分钟的长距离间歇练习，主要发展有氧耐力。此练习可以操场跑也可以进行适当的环校跑，2个为一组，记录时间，视强度做1到2组。

构成间歇练习法的基本要素有练习的数量、强度、间歇的时间与方式和重复次数等。不同的练习目的对这些要素的组合变化有不同要求。如以周期性项目中的跑步练习为例，发展一般耐力时，每次练习的距离要长，组数要多，中小强度。也可在练习中增加重复练习的次数，调整间歇时间，加大对运动员机体的刺激，贯彻超量负荷原理，从而提高机能。

4. 变换练习法

变换练习法是在变化各种因素的条件下反复进行练习的方法。由于耐力练习比较枯燥，采用变换练习法可以在一定程度上提高运动员的练习兴趣和积极性，从而改善练习效果。变换练习法所变换的因素一般有练习的形式、练习的时间、练习的次数、练习的条件、间歇的时间、间歇的方式与负荷等。例如可以将枯燥的跑步变成环校跑，将台阶练习变为跑楼梯、跑桥梁，等等。如果天气太热，可将时间改为晚上，过于疲惫的时候就适当缩减训练强度，总之一切视个人情况而定。通过改变以上一个或多个因素，从而刺激运动员机体负荷的变化。

变换运动负荷的形式一般有三种：第一种是不断增加负荷；第二种是不断减少负荷；

第三种是负荷时增时减。在实际练习中究竟采用哪一种形式,应视具体情况而定。如果要加大对机体的负荷刺激,就要增加负荷。法特莱克法是变换练习法的一种特殊形式,也可以理解为一种由持续练习法和变换练习法综合而成的组合练习法。采用这种方法训练时,运动员可以发挥自己的主观能动性,根据自己的意愿在固定强度训练中随时缩短时间提高强度。这种增加强度的快速跑并不是事先计划好的,而是根据运动员自己的主观感觉和判断随时进行的。因此,这种方法能使耐力练习变得较为生动,使得运动员在练习中能主动投入,积极进取,有利于发展一般耐力。

变换练习法可以提高练习的兴趣和积极性,在运用时要注意贯彻循序渐进原则,各种因素的变换一开始不能太突然,以免机体不能适应,造成损伤。

5. 循环练习法

在安排全面身体素质训练时,应有针对性地把练习内容和手段编制成套进行练习。循环练习时的各段内容及编排,必须根据专项要求进行选择和设计,同时应根据"渐进负荷"或"递增负荷"的原则安排练习。循环练习可分为无重量负荷的一般循环练习和有一定重量负荷的大强度循环练习。

6. 其他练习法

借助球类或自行车等工具进行耐力练习,或在空气稀薄的缺氧情况下进行训练,有助于提高有氧耐力和无氧耐力的水平。

二、速度素质及训练

(一)速度素质的概念及意义

速度素质是定向运动的一项十分重要的素质。近十几年来随着定向运动水平的迅速提高,各国训练学专家和优秀教练员在理论和实践中越来越重视运动员速度素质的发展。

1. 速度素质的概念

速度素质是指人体或人体某部位快速运动的能力,也就是人体或人体某一部位快速反应、快速完成动作、快速移动的能力。具体包括三个方面:运动时人体对各种信号刺激的快速反应能力;快速完成动作的能力;快速通过一定距离的能力。与之相对应的速度素质的基本表现形式有反应速度、动作速度、位移速度。

反应速度是指人体对各种信号刺激(如声、光、温度等)的快速应答能力。

动作速度是指人体或人体的一部分完成单个动作或成套动作的快慢以及单位时间内重复动作次数多少的能力。动作速度又分为单个动作速度、成套动作速度及动作速率三种。

位移速度是指在周期性运动中,单位时间内人体快速位移的能力。通常用通过一定距离的时间或单位时间内所通过的距离来表示,如短跑运动员的跑速、跳高运动员的助跑速度等。

2. 发展速度素质的意义

速度素质是人体的基本身体素质之一,在专项素质训练中占有重要的地位和作用,还是短时间耐力项目的重要基础。曾培养过一批世界级优秀运动员的加拿大图多·博姆帕博士曾指出:"体育运动中最重要的生物运动能力之一是速度。"田麦久博士在《运动训练科学化探索》中指出:在现代体育运动中速度的作用更为突出,如短跑强调不充分后蹬的快速摆动,长跑多采用高步频技术,跳跃从可控速度助跑变成以最快速度助跑。可见,各专项的运动训练都紧密结合专项特点及技术变化,应高度重视快速能力的训练。

(二)速度素质的构成要素

速度素质包括反应速度、动作速度与位移速度,三者之间既有联系,又有区别,特别是在内部机制方面,反应速度着重表现在神经活动方面,而动作速度和位移速度则着重表现在肌肉活动方面。人体注意力的集中程度、肌肉收缩的协调性是构成速度素质的重要因素。

1.构成反应速度的要素

决定反应速度快慢的基础是反应潜伏期的长短,是指运动员接受刺激与做出肌肉动作之间的应答时间,主要取决于以下因素:

(1)感受器(视、听、触觉等)的敏感程度。
(2)中枢神经系统机能。
(3)效应器(肌纤维)的兴奋性。

2.构成动作速度、位移速度的要素

动作速度与位移速度的主要特点都是通过肌肉系统最大限度的快速活动形式,在较短的单位时间内完成动作。由于人体肌肉活动的形式与质量受到形态、生理、心理学、技术等方面的影响,因此影响动作速度、位移速度的因素也表现在多个方面。

(1)人体形态。
(2)肌纤维的类型和肌肉收缩的协调性。
(3)神经活动过程的灵活性。
(4)力量发展水平与技术。
(5)肌肉中能量物质的储备与能量物质分解及再合成的速度。
(6)注意力的集中程度。

(三)发展速度素质应注意的事项

速度素质的发展受多种因素的影响,为了有效地提高人体的快速运动能力,在运动训练中应注意如下事项:

1.合理安排速度素质训练的时间

速度素质训练的时间,在一个大周期中主要放在准备期的后期和比赛期的前期,最好安排在小强度训练或调整训练后的第一天进行。在一天或一次训练课中,一般放在上午或者训练课的前半部分,最好安排在运动员身心状态最佳、精力最充沛的时候进行。因为人体疲劳后神经控制过程灵活性降低,不能够建立兴奋与抑制的快速转换,这时发展速度素质效果相对较差。

2.以发展力量和柔韧性等素质来促进速度素质的发展

力量和柔韧性是影响速度素质的重要因素。在发展速度素质中,首先要注重快速力量。如采用40%~60%的强度多次重复快速负重训练,使肌肉力量增大,并提高肌肉活

动的灵活性,以及适当采用75%以上的大强度训练,使肌肉用力时能够最大限度地动员更多的肌纤维同时进行收缩,提高肌肉的收缩功效。其次,通过各种手段提高柔韧性。柔韧性提高后可以增加力的作用范围和时间,同时能使肌肉协调性得到改善,从而减少肌肉阻力和增大肌肉合力,最终使运动速度提高。

3. 机体处在适宜的工作状态时进行速度训练

机体处于适宜的工作状态对发展速度素质是十分必要的,其中包括神经系统、内脏系统和肌肉系统的适宜状态。这种适宜状态可以通过集中注意力和速度训练前用强度较小并保持一段时间的活动来达到。运动员注意力集中,可使神经系统处于适宜的兴奋状态,并使肌肉保持一定的紧张度。而强度较小并保持一段时间的活动能提高运动性,使内脏系统与肌肉系统间形成适宜的相互关系,对改善肌肉协调性有良好的作用,这在速度素质练习中应加以重视。

4. 发展速度素质应重视肌肉放松

肌肉放松对速度的提高非常重要。肌肉放松能够减小肌肉本身的内阻力,增强肌肉合力,使血液循环通畅。如肌肉紧张度达到60%～80%,血液流动就会严重受阻,时间稍长,动作就会失去协调性,已有的快速能力也无从发挥。肌肉放松时,肌肉中血液流动情况会大为改善,比紧张时提高15～16倍。血液循环通畅,能给参加活动的肌肉输送大量氧气,加快三磷酸腺苷(ATP)再合成的速度,并能节省能量物质,使能量物质得到合理利用,还可增大肌肉收缩前的初长度,从而提高运动素质。

5. 速度素质训练应结合运动员的专项进行

一般人的视觉、听觉和触觉三者相比,触觉反应最快,听觉反应次之,视觉反应较慢。应与各专项运动的技术相结合,让运动员在速度训练中能感觉到躯干等各部位的协调配合及在空间、时间方面的速度节奏,发展专项技术所需要的动作速度的能力。为此,必须正确选择与专项技术在结构上相似的训练手段及练习方法。

(四)发展速度素质的方法

1. 反应速度的练习方法

反应速度的练习包括简单反应速度和复杂反应速度的练习。简单反应速度练习的特点是通过练习尽量缩短感觉(视、听、触)的动作反应时间;复杂反应速度练习的特点则是尽量缩短感觉(视、听、触)的中枢分析、选择判别的动作反应时间。

(1)简单反应速度的练习方法

①完整练习。利用已经掌握的完整的单个动作或组合动作,尽可能快地对突然出现的信号或突然改变的信号做出应答反应,以提高反应能力。这种对信号反应的完整练习,在运动员初级水平阶段作用比较明显。

②变换练习。根据动作强度和具有时间变化的信号刺激,明显改变练习的形式和环境来提高简单动作的反应速度。改变练习的形式主要包括两方面内容:第一,改变对刺激信号的接收形式,如由视觉接收刺激信号改变成由听觉或触觉的形式接收刺激信号;第二,改变回答反应的动作形式。利用变换练习,既能有效地提高人体各感受器的功能和缩短简单反应的时间,又能提高练习的积极性避免兴奋不必要的扩散,提高训练的效果。应用变换练习还可以借助专门的心理素质练习来发展简单动作的反应速度。

③运动感觉练习。运动感觉练习是身体训练与心理训练相结合的一种方法。在人体反应过程中,提高对短时间内辨别的时间知觉,从而发展反应速度。可以认为,能够感觉出不同重复间隔的练习者,便具有良好的反应能力。这种练习对运动实践具有一定的实际意义。运动感觉练习可以分为三个步骤进行:第一个步骤是练习者接收到信号后,以最快的速度对信号做出应答反应(例如做 5 m 的起跑),然后获得该次反应练习的实际时间。第二个步骤是练习者自己估计反应练习所用的时间,然后与实际所用时间进行对照比较,由此提高练习者对时间感觉的准确性。第三个步骤是要求练习者按照预先确定的时间去完成某一反应的练习,以提高练习者的时间判断能力。当估计时间与实际时间在大多数情况下吻合时,练习者就能较准确地判断反应时间的变化,使反应速度得到提高。

反应速度在很大程度上取决于练习者的注意力集中程度及注意力集中的目标。在练习中应要求练习者把注意力集中在将要进行的动作上,而不是把注意力集中在其他信号上,因为注意力集中在动作上比集中在信号反应上的速度要快一些。注意力的指向和肌肉紧张有关。注意力集中在动作上,完成该动作有关的肌群紧张度就会升高,从而加快动作的完成。

(2)复杂反应速度的练习方法

为了提高反应速度,可以通过视觉、听觉、触觉反应来进行练习。

①按照起跑口令、鸣枪等各种信号做起跑动作的练习。

②按"预备"和"跳"的口令,由半蹲姿势向上跳起,双手触摸高处标志物。要求随时改变口令之间的间隔时间和声音大小。练习者通过提高对声音的反应速度,尽量缩短起跳和触摸高处标志物的时间。

③在慢跑中听信号改变动作。听到信号马上转身起跑。

④背对起跑方向的各种动作。听到信号马上转身起跑。

⑤取半蹲姿势,看同伴手势快速做前、后、左、右滑步或跳步移动练习,要求动作准确、及时、到位。

⑥两人取前后姿势,在行进中后者用手触及前者,要求前者迅速做出反应,转身追拍奔跑中的后者。

2. 动作速度的练习方法

动作速度寓于具体的动作之中。在动作速度的练习中,因为专项要求不同,动作速度练习的任务和内容也有区别。因此,动作速度和动作技术的完善程度紧密联系在一起。另外,动作速度直接受到力量、柔韧、灵敏等其他身体素质发展水平的制约,所以动作速度的练习与其他素质的发展也密切相关。如在非周期运动项目中,动作速度与动作技术关系较密切,动作速度的培养必须通过技术水平的巩固与提高,以及有关身体素质的发展才能实现。

(1)完善技术练习

动作速度的提高,在很大程度上取决于完善的动作技术,因为动作幅度大小、工作距离长短、工作时间多少以及动作的方向、角度与部位等都与动作速度大小有着极为密切的关系。完善技术可以通过多次重复,形成动力定型,从而节省用力,提高动作速度。初学者重复练习时应循序渐进地提高速度,直至达到最快速度,而高水平运动员可以最快速度进行重复练习。

(2)利用助力练习

该方法是指在动作速度练习中,利用外界自然条件的助力和人为因素的助力来发展动作速度。外界自然条件的助力是指利用风的方向或水的流向,如在跑的训练中利用风力进行顺风跑训练等。这种方法在提高动作速率方面既经济又有效。人工因素的助力可分为机械助力和人为助力:机械助力是由专门机械设备(如牵引机等)的牵引形成的。人为助力是教练员或他人直接或间接施加给运动员顺运动方向的力,帮助运动员提高动作速率或完成某一技术环节的动作速度,如短跑项目快带慢的牵引跑。在使用助力时,必须掌握好助力的时机和用力的大小,最好能同时用语言加以刺激,让个体体会动作及感觉助力,便于及时达到动作速度的要求。不论是哪一种助力形式,运用时都应循序渐进。

(3)利用后效作用练习

这一练习利用动作加速和器械重量变化而获得的后效作用来提高动作速度。如在跑的练习中,利用下坡跑可获得加速的后效作用。这是由于在第一次动作完成后,神经中枢剩余的兴奋在随后动作过程中仍然保持着运动指令,从而可以大大缩短动作进行的时间,提高动作速度。但是,这种后效作用的产生取决于负荷的大小和随后减轻的情况,以及练习重量的重复次数和不同重量的练习交换次数与比例。在短跑练习中应该按上坡跑、水平跑、下坡跑的先后顺序来训练,这种由难到易的安排就是要利用动作的后效作用。

(4)加大难度练习

加大难度练习主要是通过缩小练习完成的空间与时间界限,用特定的要求来促使动作速度的发展。活动中,动作速度表现的平均水平和快速动作的完成情况,在相当程度上受专项活动持续时间和活动场地条件的影响。因此,在动作速度的练习中,通过限制练习的时间、空间条件,运动员以最快速度完成动作,从而提高训练效果。

(5)发展动作速度的练习

动作速度作为体现加速能力的基本要素,主要依赖于提高动作的变换频率。在快速起跑后,唯有通过两臂快速摆动,促使步频急剧增大,才能使身体在疾跑阶段获得加速度,并尽快达到高速。因此,可通过体现快速跑基本动作要素的练习来提高动作速度。

①在原地用最快的速度做 5～20 秒跑的摆臂动作,并结合正确的呼吸方式。如果 10 秒内单臂摆动次数达 30 次以上,就表明动作速度为良好。

②两手扶助木,以最快的频率做 5～20 秒高抬腿跑的练习,并注意正确的呼吸方式。如果 10 秒内抬腿次数达 30 次以上,就表明动作速度良好。

③快速竞走练习,要求臂和腿配合协调,使动作交替达到最快的频率。

④取仰卧姿势,两腿以最大的动作幅度模仿跑的动作。

3. 位移速度的练习方法

位移速度在某种意义上可看成一种人体综合运动能力。位移速度的快慢不仅和动作技术水平有关,而且和力量、柔韧性、速度耐力及协调性的发展有着十分密切的关系。发展位移速度可采用以下方法:

(1)重复练习

重复练习是指以一定的速度,多次重复一定距离的练习。这种方法对提高人体在快速移动中克服各种内外阻力的能力,以及提高速度耐力十分重要。它是移动速度训练最基本的方法。采用重复练习时要重视以下问题：

①练习强度：这是提高运动员快速移动能力的主要因素。位移速度属于极限强度，应以高强度进行位移速度的练习，强度一般可控制在90%～95%，在此之前要安排一些中等或是中大强度的练习。在练习中，运动员高度集中注意力，最大限度地动员肌肉力量，并加大动作速度与幅度，发挥最高速度水平。此外，训练强度应是变化的，固定训练强度，会形成速度障碍，尤其不能固定在极限强度或接近极限强度下进行训练。

②练习持续时间：位移速度练习要保证一定时间，但不宜太长。高强度练习一般持续时间在20秒以内，以跑为训练手段的距离为30～60米。因为在20秒以内的短时间练习中，人体无氧代谢主要靠三磷酸腺苷和磷酸肌酸直接分解供能，所以能较好地保持位移速度。速度训练持续时间还应根据运动员的具体情况，特别是根据保持最快速度的能力来确定，当出现疲劳、工作能力下降、不能继续保持最快速度时，应停止练习。

③练习重复的次数与组数：应根据运动员最快速度出现与保持的时间，以及克服疲劳和机体恢复能力来决定。一般来说，练习重复的次数与组数不应过多，练习的重复次数过多，每次间歇休息时间有限，就会使训练的强度下降。为保持训练时间，可用增加练习的组数来实现。

④间歇安排：应以运动员机体相对得到恢复为标准，即运动员在下一次练习开始前，中枢神经系统再度兴奋，机体内物理化学变化在很大程度上已经中和，能保证下次练习的能量供应。间歇时间的长短主要和练习持续时间有关。如休息时间过短，机体的疲劳没有恢复，必然要导致下次练习的强度下降，使练习效果受影响。一般说，练习持续时间为5～10秒，每次练习间休息1～2分钟，组间间歇2～5分钟；练习持续时间为10～15秒，各次练习间休息3～5分钟，组间间歇10～20分钟。休息时，可采用放松慢跑、各种伸展练习等恢复手段。

(2) 步频、步幅练习

步频和步幅是影响位移速度的两个主要因素。步频受肌纤维类型和神经活动灵活性控制，步幅受腿的长度、柔韧性、后蹬技术力量的制约。在这五个影响因素中，柔韧性和后蹬技术可通过训练得到较大改善，从而提高位移速度，而其他三个因素受遗传因素的影响较大，通过训练改善的程度有限。因此，对于有一定训练水平的运动员，主要是通过增大步幅来提高移动速度的。目前，通过人为条件发展步频、步幅的手段很多，如牵引机、加吊架的领先装置、转动跑道、惯性跑道等。另外，少年时期是发展步频的有利阶段，要充分利用这段时期促进速度提高。

(3) 比赛法、游戏法练习

比赛法是速度训练中经常采用的方法。采用比赛法能促使运动员情绪高涨，发挥出最快速度的可能性就会增加。通过比速度、比技术、比成绩等可以起到激励斗志、鼓舞情绪的作用。在比赛的条件下，往往能比平时更快地做出反应，完成快速移动。游戏法同比赛法作用一样，可以激起运动员高涨的情绪，还能增加练习过程中的趣味性，避免不必要的肌肉紧张。游戏可以选贴膏药、斗牛等。

(4) 发展位移速度的练习

位移速度是体现保持高速能力的基本要素，主要依赖于步幅的逐渐加大与稳定，可通过进行后蹬跑和跑的技术练习来提高。

①30 m 加速跑,要求在逐渐增加步频、加大和保持步幅的条件下完成练习。

②利用外界有利条件(如斜坡跑道),反复练习快速跑,如下坡跑,使跑速达到最快后,要在保持最佳步长的条件下,跑进跑道并保持一段惯性跑。

③让距接力跑,让距追逐跑;由 50 m、100 m 组成的接力跑;同实力相当的对手一起听枪声起跑,加速跑 30 m,40 m,60 m 测验。

④200 m 变速跑,如在自然放松跑中,完成 10～20 m 突然加快动作频率跑的练习;从中速到高速分段跑,20 m 中速—20 m 高速—20 m 中速—20 m 高速;20～100 m 的各种距离的行进间跑,要求自然放松跑并逐渐达到高速。

⑤用节拍器领跑,以达到最快的步频,并保持适宜步长。

⑥50～60 m 的往返跑。例如:取站立姿势,以接近高速度跑 50 m,间歇 30～40 秒,再以相同的速度跑回来,如此反复进行。

⑦采用快节奏和大步幅相结合的方法,利用各种不同重量负重跑,来增强腿部力量以提高速度。

⑧助力跑练习,即在外力的帮助下提高速度的方法,对发展频率很有好处,例如:下坡跑、顺风跑、牵引跑(随车加速跑)。

⑨行进间加速跑。需要迅速加速,加速到一定距离后,利用惯性减速,或者保持一段距离的高速度,然后再减速。

⑩原地 10～15 秒快速高抬腿跑;高抬腿跑转快速跑。例如:在 100 m 以内,前 60～70 m 高抬腿跑由慢到快,到后 30～40 m 转入快速跑。

(5)发展速度耐力的练习

速度耐力体现长时间保持快速跑的能力,应采用接近专项距离或超长距离、强度较高、密度较大的间歇跑和重复跑等练习来提高。

①时间在 45 秒左右,距离在 350 m 以下,重复次数为 3～4 次一组,进行长距离的间歇跑练习,间歇用走或放松慢跑来调整。

②时间在 10 秒以内,距离在 80 m 以下,重复次数为 4～6 次一组,进行短距离的间歇跑练习,强度控制在 85%～95%。

③长距离的变速跑,如 300 m 快—300 m 慢—200 m 快—200 m 慢—100 m 快—100 m 慢—100 m 冲刺跑,间歇时间根据个人水平调整。

④往返跑练习,加速 40～50 m,转为惯性跑,然后转间歇慢跑 30 秒,根据个人水平确定往返跑的次数。

⑤上下坡往返跑,上坡快速,下坡放松慢跑,平地再跑 10～30 秒,组数可根据情况决定。

三、力量素质及训练

(一)力量素质的概念及意义

1.力量素质的概念

力量素质是指人体或人体的某一部分肌肉收缩或舒张时克服内外阻力的能力。外部阻力是指物体的重量、支撑反作用力、摩擦力及空气或水的阻力等。内部阻力包括肌肉的黏滞力、关节的加固力及各肌肉间的对抗力等。外部阻力往往是发展力量素质的手段,人体通过克服这些阻力来发展自身的力量素质。人体的任何活动都离不开肌肉的收缩力量。该力量维持着人体的基础生活能力。丧失肌肉收缩力量的人,生活上将无法自理。运动时,人体需要特殊的肌肉力量能力,这些特殊的肌肉能力是通过运动训练获得的。

根据不同的运动项目对力量素质的要求,以及力量的不同表现形式,力量素质可分为多种类型。根据肌肉收缩形式可分为动力性力量与静力性力量;根据力量和体重的关系可分为绝对力量与相对力量;根据力量的表现又可分为最大力量、速度力量和力量耐力;根据与专项的关系又可分为一般力量与专项力量。在运动训练实践中,往往按体育运动不同项目对力量素质的要求,根据力量的训练特征来划分,一般将力量素质分为最大力量、相对力量、速度力量和力量耐力四种。

最大力量:指人体或人体某一部分肌肉工作时克服最大内外阻力的能力。亦是指参与工作的肌群或一块肌肉在克服最大内外阻力时,所能动员出的全部肌纤维中最多数量的肌纤维发挥的最大能力。

相对力量:指人体每公斤体重所表现出最大力量值的能力,它主要反映运动员的最大力量与体重之间的关系。

速度力量:也叫快速力量,是指人体在运动时以最短的时间发挥出肌肉力量的能力。也可指运动员在特定的负荷条件下所表现出来的最大动作速度。

力量耐力:指人在克服一定外部阻力时,能坚持尽可能长的时间或重复尽可能多的次数的能力。也就是无论运动员在静力或动力性工作中,能长时间保持肌肉紧张用力而不降低工作效果的能力。

2. 发展力量素质的意义

力量素质对人体运动有极大影响,是人体运动的基本素质,也是衡量运动员身体训练水平的重要指标,又是掌握运动技能,提高运动成绩最重要的物质基础。

(1)力量素质是进行一切体育活动的基础。人体所进行的各种体育活动都是由肌肉以不同的负荷强度、收缩速度和持续时间进行收缩牵拉骨骼移动来完成的。一个人想要跑得快,就需要具有较好的腿部力量;想要跳得高、跳得远,就要有较好的弹跳力;要想攀得高,就需要发展上肢、腰、腹以及下肢力量。可以说力量素质是人体最基本的身体素质,是进行一切体力劳动和运动训练的基础。

(2)力量素质影响并促进其他身体素质的发展。任何身体素质都是通过一定的肌肉工作方式来实现的,而肌肉力量亦是人体一切运动的基础。力量素质的增长有助于速度素质的提高。因为肌肉的快速收缩是以力量为前提的。如短跑运动员如果没有两条强有力的腿,是不可能取得优异成绩的。力量素质的增加也有助于耐力素质的增长。此外,力量、速度的提高会增加肌肉的弹性,促进灵敏素质和柔韧素质的发展。力量素质的水平直接影响技术动作的掌握和运动成绩的提高。运动员力量素质的增长,直接反映了运动员对运动技术掌握得快慢及运动成绩提高的程度。

(3)力量素质在运动训练实践过程中,是衡量运动训练水平的重要指标和判断某些专项运动潜力的因素,也是一些体能型运动项目选材的依据,因此,对力量素质的发展必须给予足够的重视,尤其是速度力量,往往作为田径运动员选材的重要指标。

(二)力量素质的构成要素

人体肌肉力量的大小受生长发育水平、性别、体型、肌肉自身结构、特征及生理生化和训练等各种各样因素的影响。主要与人体生长发育、肌肉组织结构、神经系统的调节机能、营养系统的供能能力、训练因素及其他因素相关。

(1)人体生长发育相关的要素:
①性别;
②体型(健壮型、匀称型、细长型、肥胖型);
③身高与体重,用体重/身高指数(BMI,千克/米^2)来衡量;
④脂肪;
⑤激素。

(2)肌肉组织结构:
①肌纤维类型占比,即白肌纤维(快肌纤维)、红肌纤维(慢肌纤维)和中间肌纤维三种类型肌纤维在肌肉中占比;
②肌肉的生理横断面;
③肌肉的初长度;
④参与活动的肌纤维数量;
⑤肌肉的牵拉角度;
⑥肌肉的收缩形式;

(3)中枢神经系统的调节机能:
①神经传导过程的频率和强度;
②神经中枢对肌肉活动的支配和调节能力。

(4)营养系统的供能能力。

(5)训练因素:
①负荷强度与重复次数;
②动作速度;
③原有的训练基础。

(6)其他因素:
①营养物质的补充;
②温度;
③紫外线照射。

力量素质的提高和发展是以人体肌肉的形态、结构、机能、生理生化机制的改变为基础,以神经中枢的兴奋和抑制过程的强度与集中,以及相适应的神经过程充分协调为前提而建立起来的各种用力动作的条件反射的结果。也就是说一个人肌肉力量的大小要受到与其生长发育水平、性别、体型、肌肉自身结构、特征及生理生化和训练方面的各种各样因素制约。

(三)发展力量素质应注意的事项

构成力量素质的要素较多,认识和理解这些构成要素,有助于力量素质训练的科学性、有效性、合理性。力量素质发展水平是影响身体训练水平的关键因素。在实施发展力量素质过程中要兼顾优化控制,取得事半功倍的效果,必须注意如下几点:

1. 力量素质的发展要既全面又有重点

在发展力量素质的过程中,一方面应使四肢、腰、腹、背、臀等部位大肌肉群和主要肌肉群通过训练得到发展与提高,另一方面也要注意发展那些薄弱的小肌肉群的力量。因为运动中的多数动作都是很复杂的,需要身体各部位众多大小不同的肌群协同工作才能完成。发展不同类型的力量素质并不意味着面面俱到、平均发展,应该在全面发展的基础上针对项目特点有所侧重。

2. 练习时要使肌肉充分拉长和收缩,练习后要使肌肉充分放松

每次练习时,应使肌肉先充分伸展拉长,然后再收缩,动作的幅度要大。因为肌纤维拉长后可以增大收缩的力量,同时又可以保持肌肉良好的弹性和收缩速度。力量练习后,肌肉常会充血,胀得很硬,这时应做一些与力量练习动作相反的拉伸动作,或者做一些按摩、抖动,使肌肉充分放松。这样既可加快疲劳的消除,促进恢复,又可防止关节柔韧性因力量训练而下降,同时也有助于保持肌肉良好的弹性和收缩速度。

3. 进行力量练习要全神贯注,念动一致,注意安全

肌肉活动总是在中枢神经系统的调节下进行的,训练时要全神贯注,训练哪里就想到哪里,使意念活动与训练动作紧密配合、保持一致。这样有助于肌肉力量得到较好的发展,特别是进行大负荷训练时不能说说笑笑,注意力应高度集中,因为笑的时候肌肉最容易放松,而力量训练的负荷又大,一不留神就易造成损伤。此外,为了训练安全,达到期望的效果,还应注意加强自我保护和互相保护。尤其在举起或肩负极限重量时,更应该注意加强相互保护。

4. 紧密结合专项特点安排力量训练,注意正确的动作技术规格

定向运动的加速跑要求有连续、快速地向前推进的力量。力量训练时首先要根据专项技术的动作结构来选择恰当的练习,以发展有关的肌群力量;其次,要了解主要肌群的用力特点、工作方式、用力方向、关节角度等,来确定力量训练的方法与手段。只有紧密结合专项特点来安排力量训练,才能收到较好的训练效果。

5. 进行力量训练时,要掌握正确的呼吸方法

由于憋气有利于固定胸廓,提高腰背肌紧张程度,提高训练时的力量,所以极限用力往往要在憋气的情况下进行。有研究表明憋气虽然可提高训练时的力量,但用力憋气会引起胸廓内压力升高,使动脉的血液循环受阻,导致脑缺血,甚至会产生休克。为避免产生不良后果,做力量练习时必须注意以下几点:

(1)最大用力的时间很短,有条件不憋气时就不要憋气。尤其在重复做用力不是很大的练习时,应尽量不憋气。

(2)为避免用憋气来完成练习,对刚开始训练的人,所给予的极限和次极限用力的练习不要太多,并让其学会在练习过程中完成呼吸。

(3)在完成力量练习前不应做深度吸气。因为力量练习时间短暂,深度吸气并不会立即在练习中产生作用,相反会增大胸廓内的压力,此时如再憋气就可能产生不良影响。

(4)用狭窄的声带进行呼气,几乎也可达到与憋气类似的力量指标。因此,做最大用力时可采用缓慢吐气。

6. 训练中要采用大负荷与循序递增负荷

大负荷是指训练的负荷强度和训练总量。一般要用某人所能承受的最大负荷或接近最大负荷来进行训练。采用大负荷能迫使肌肉进行最大收缩，刺激人体产生一系列生理适应性变化，从而导致肌肉力量的增大。为了达到大负荷，训练时无疑要保持较大的强度或者要保持较大的数量（次数和组数）。在力量训练过程中，当力量增长后，原来的负荷（主要指重量）会逐渐地变成小负荷。因此，为了继续保持大负荷，就必须循序渐进递增负荷。比如训练开始时，某人用 20 公斤做臂弯举，反复举 8 次出现疲劳，而经过一段训练后，用 20 公斤连续举起 12 次时，才出现疲劳，这时就可以增加负荷至再次仅能举起 8 次的重量，从而使其上升到一个新的负荷。这样，就可使有关的肌肉群始终在大负荷状态下工作。进行负重训练是力量训练的一个基本特征和基本要求。优秀运动员的力量训练建立在超负荷训练的基础上。所谓"超负荷"就是指要求肌肉完成超出平时的负荷。超负荷训练通常会引起肌肉成分特别是肌蛋白的分解并导致超量恢复的产生。在超量恢复的整个过程中，肌肉成分会重新组合，肌蛋白含量得到提高，从而使肌肉更加粗壮有力。只有不断地、有目的有计划地安排"超负荷训练"以引起超量恢复，才能达到发展力量素质的目的。

7. 力量素质训练要科学安排

力量素质训练应全年系统安排，不能无故中断。力量增长得快，停止训练后消退得也快。如果停止了力量训练，已获得的力量将会按增长速度的三分之一消退。通过训练获得的力量，停止训练后虽然会逐渐消退，但一部分力量会保持很久，甚至会永远保持下来。然而，发展力量素质训练不宜在疲劳的状态下进行。力量素质训练应因人、项目、不同训练周期和训练任务而异，其负荷的安排应是周期性、波浪式的变化。力量训练课的次数取决于一系列因素：训练课的主要任务，训练课处于的阶段和周期，各力量素质的发展水平及训练特点，运动员的年龄、性别、健康状况、身体素质能力及训练水平等等。其中训练水平是重要因素。根据优秀运动员的训练经验，每周进行 1～2 次力量训练，可保持已获得的力量；每周进行 4～6 次力量训练，可使力量显著增长。由于大肌肉群的工作能力恢复相对较慢，通常在比赛前 7～10 天的训练中不宜安排用极限负荷进行较大部位肌肉群的练习。在每个小周期中，尽量使各种不同性质的力量训练交替进行。在一堂训练课中，可先安排发展最大力量、速度力量的练习，最后安排发展力量耐力的练习。在进行发展力量素质的训练课中应使各肌肉群交替进行工作。例如训练课开始时，先进行下肢肌肉群的综合练习，之后进行躯干肌肉群的综合练习，然后进行上肢与肩带肌群的练习。在一堂课上安排发展某些肌肉群练习时，应先动用大的肌肉群进行工作，然后启动部分或局部肌肉群投入工作。

8. 注意克服力量增长的停顿现象

力量素质与其他素质的发展有着密切的关系，在力量训练时，往往会出现开始阶段力量增长较快，但随着时间的推移，增长速度逐渐下降甚至出现停顿的现象。造成力量增长停顿的主要原因是训练负荷增长不合理。运动训练的本质是使机体的内环境与施加负荷的外环境不断取得平衡的过程。如果肌肉对已有的训练负荷已经适应，肌肉力量就不再增长,最多只能维持在现有水平上。如果训练负荷增长过快,长期、连续的大重量刺激超过了人体机能适应的限度,往往会降低身体和心理的工作能力,使力量增长出现停顿甚至负增长。出现停顿甚至负增长现象时,可以从以下四个方面采取措施:

(1)适当降低负荷并延长两次训练之间的恢复时间

当力量增长处于停顿甚至负增长时,人们常常首先考虑选择较大的负荷重量,想以此来刺激肌肉,促进力量的增长。但这样做有一定的危险性,因为突然加大负荷会超出机体的适应能力,造成过度疲劳和运动损伤。比较稳妥的办法是暂时减小负荷并适当延长恢复时间,使机体有时间进行能量的重新动员,给肌肉一个恢复过程,确保练习者能积累起足够的身体和心理方面的能量储备,然后再加大训练负荷,获得力量的重新增长。

(2)改变练习次数和负荷量

随着力量素质的不断提高,应不断增加负荷和练习次数。但如果出现力量增长停顿甚至负增长现象时,可考虑采用减小负荷、增加重复次数的方法进行调整。例如某一重量过去每组重复5次,练3组,现在可减小重量改为每组重复10次,练3组。一般来说,采用大负荷对肌肉刺激较强,能动员更多的肌纤维参与工作,有利于力量增长;而采用减小负荷、增加次数的方法能促进肌肉中收缩蛋白含量的增加,同时改善神经系统对肌肉活动的调节能力,为以后力量的进一步提高打下牢固基础。经过一段时间调整后再提高负荷量,会收到更好的效果。

(3)改变训练的手段

发展肌肉群的力量,可采用多种练习手段。以不同的手段或不同的方式对肌肉施加刺激。当力量增长出现停顿甚至负增长现象时,可以改变惯用的练习手段。例如,当运动员已经习惯于用卧推来发展上肢力量时,可以改用负重斜推、双臂屈伸、俯卧撑等方法进行练习,不同的练习手段有助于肌肉群力量的发展。经过一段时间练习,再进行卧推,就能较快地超过原有水平,获得力量的提高。

(4)补充其他的训练内容

机体对外界环境的适应是以一个统一的整体来实现的。在训练过程中,人体的运动能力和身体机能提高的速度是不同的。一般来说,心肺功能的增强比肌肉力量增长需要更长的时间。在进行力量练习时,除肌肉外其他器官也要发生相应的变化,而且只有在相关器官、功能相应提高时,肌肉工作才能顺利完成。所以为了突破力量增长的停顿甚至负增长状态,取得进一步的提高,补充一些其他的训练内容是完全必要的。这些补充练习是以增强心血管系统功能为主的运动,如跳绳、打篮球、游泳、踢足球等。通过这些练习来发展心血管系统的功能,以满足肌肉力量增长的代谢需要。这些运动手段虽不能直接提高肌肉力量,但能提高心血管系统的工作效率,改善人体在生理上对接受高强度力量训练的适应能力,为承担较大负荷训练做好准备。

(四)力量素质的训练方法

1.最大力量的训练方法

(1)静力性练习

静力性练习可作为发展肌肉力量的有效手段,还可作为创伤后积极恢复正常功能的手段。使用静力性练习法的目的是克服某些肌肉在力量发展中的不足,使之迅速地、优质地提高收缩力量。静力性练习有以下三种方式：

①承受高出运动员潜力的重量。

②针对固定物用力(推或拉)。

③一侧肢体用力,另一侧肢体相抵。

静力性练习可通过肢体的各种姿势和角度完成,从肌肉的充分拉长直至肌肉的充分缩短。

进行静力性练习时,应注意：

①提高最大力量多采用本人最大负荷量的70%进行练习,效果较好；

②每组持续时间为6~12秒,每次训练课上,每组肌群收缩总时间为60~90秒；

③休息时间为60~90秒,其间最好安排放松和呼吸练习,有助于供氧；

④青少年运动员使用此练习要尽量减少练习时间及降低练习强度。

(2)负重法

尽管通过静力性练习、等动练习、电刺激等多种方法都可以发展最大力量,但负重法仍是最常用的方法之一。采用负重法提高力量的原理是通过增加负荷来提高刺激强度,从而使力量得到提高。增加负荷有不同的方式,如连续提高负荷或逐步提高负荷或波浪式提高负荷,选择何种负荷增加方式取决于运动员发展力量的需要以及所预期达到的训练效果。

一次训练课中练习的次数不同,对机体产生的训练效应也不同。练习重复次数为1~3次时,主要通过发展肌肉的协调性来发展最大力量；练习重复次数为4~7次时,主要通过增大肌肉的横断面来发展最大力量；在多数情况下,采用8~12次的重复次数,这样肌肉可得到较长时间的刺激,有利于肌肉体积的增大。

练习的组数也是影响训练效果的一个重要因素,组数大多用于调整训练的总负荷。练习组数的确定要因人而异,应以不降低每组练习的重复次数为原则,要尽量保证最后一组能完成所规定的重复次数。

间歇时间的长短取决于练习的持续时间和负荷强度大小,持续时间越长,负荷强度越大,间歇时间就越长。目的是基本消除上一组练习所产生的疲劳再进行下一组练习。在组间休息时,可以做一些轻微的活动或放松练习,有利于消除疲劳。

2.快速力量的训练方法

由于速度力量具有速度和力量的综合特征,一般都用提高肌肉用力的能力及提高肌肉收缩的速度来提高运动员的速度力量。其中,发展运动员肌肉用力的能力是发展速度力量的基础,而提高肌肉收缩的速度是发展快速力量的决定"力量"。要发展快速力量,练习动作就应尽可能协调、流畅。快速力量的表现形式主要有起动力、弹跳反应力等。

在最短时间内(通常不到150毫秒)最快发挥的下肢力量,称为起动力。运动实践证明：最大力量水平是起动力的基本因素。如运动员的最大力量突出,那么他的起动速度会非常快。发展起动力的负荷特征是采用30%~50%的负荷强度,进行3~6组练习,每组5~10次,每组间歇1~3分钟。

发展起动力的练习方法多种多样：可利用地形地物做各种短跑练习,如沙地跑、上下坡跑、跑阶梯等；也可利用器械、仪器做各种跑的练习,如穿加重背心的起跑加速、加速跑、突然改变方向跑、计时短跑、系铅腰带的加速跑等;还可利用同伴的各种助力做加速跑、牵引跑、各种准备姿势的听信号起跑等。另外,发展弹跳反应力的练习也都是发展起动力的良好手段。

提高弹跳反应力的方法主要是采用超等长训练法,主要有跳绳练习、负重半蹲练习、跨步跳、多级跳、单脚跳、换步跳、跳栏架、跳台阶等各种跳跃训练。

3. 力量耐力的训练

力量耐力是既有力量又有耐力的综合性素质,是在静力性或动力性工作中长时间保持肌肉紧张而又不降低工作效率的运动能力。运动员的力量耐力水平取决于多种因素,其中最主要的是保证工作肌耗氧、供氧和血液循环及呼吸系统的机能能力、无氧代谢的机能能力和工作肌有效利用氧的能力,以及运动员克服自身疲劳的意志品质。因此,不能仅靠提高个体的力量去发展力量耐力,应通过对血液循环和呼吸系统机能的改善,发挥毛细血管的作用和肌肉对血红蛋白的利用去发展力量耐力。

根据肌肉物质交换的关系,如果发展一般力量耐力,可采用持续间歇练习法、等动练习法、循环练习法和负荷强度较低的静力性练习法。发展肌肉的力量耐力,一般采用25%～40%的负荷强度;一般要求多次重复,甚至达到极限;练习重复组数视个体而定,一般不宜太多;组间间歇时间可以从30秒到90秒或更多,这取决于练习的持续时间和参加工作的肌肉数量。

(五)发展力量素质的练习方法

1. 静力性力量练习

静力性力量练习以对抗性静力练习、负重静力练习等为主。

(1)上肢、肩带肌肉群静力性力量练习

①取站立姿势,左手握右手手腕。右臂做前屈,左手对抗,静止5～6秒,然后左右手交替。

②取站立姿势,两臂屈肘侧平举,左右手指勾紧,两手互相拉5～6秒。

③两脚左右拉开,克服同伴的拉力或重力做屈臂动作,坚持5～6秒。

④两脚左右开立,两手握杠铃置于胸前,做推举动作,保持一定的角度,坚持5～6秒。

(2)躯干肌肉群静力性力量练习

①取仰卧姿势,克服同伴抵抗力做仰卧起坐(髋关节保持一定的角度),坚持5～6秒。

②屈膝坐,脚固定,两手在头后交叉,上体后倒成一定角度,坚持5～6秒。

③俯卧,脚固定,两手在头后交叉,做后屈躯干动作,静止5～6秒。

(3)下肢肌肉群静力性力量练习

①两手叉腰,左腿半蹲,右腿抬起,坚持5～6秒。

②两腿左右开立,肩负杠铃半蹲,坚持5～6秒。

③两手扶墙,肩负重物提踵,坚持5～6秒。

2. 动力性力量练习

(1)发展绝对力量的练习方法,一般以最大负重量的85%～100%进行练习。也就是以较少的重复次数(1～3次)完成最大重量或接近最大重量的练习。

(2)因速度力量是肌肉在短时间内快速收缩的能力,因此,发展速度力量的练习方法应以中等或中小负荷量(即最大负荷的60%～80%)进行练习,重复多次,并应快速完成。

(3)发展耐力力量的练习方法,一般采用最大负重量的60%或不足60%,重复练习要达到12次以上,不追求动作的速度,但是要求重复的次数和坚持的时间,尽量做到极限为止。

根据上面所讲的三条原则,可选择如下练习以发展动力性力量:

(1)上肢、肩带肌肉群的动力性力量练习

①徒手练习:连续做俯卧撑;或者两脚放在凳子上做俯卧撑。

②杠铃练习:颈后推举或者站立,两手提杠铃置于锁骨之上进行推举;或者两脚自然开立,两臂上举屈肘,手握杠铃于肩后,连续做向上伸臂动作。

③哑铃练习:两脚左右开立,两手持哑铃交替上举;或者两脚左右开立,上体前屈,手持哑铃连续做两臂侧平举;或者仰卧,两手持哑铃连续做扩胸动作;或者站立,两手持哑铃,连续做臂前屈动作;或者站立,屈肘,两手持哑铃于肩上,连续做向上伸臂动作。

(2)下肢肌肉群的动力性力量练习

①徒手练习:两手叉腰连续向上跳起;或者两手扶膝连续屈伸;或者屈膝半蹲,向上跳起,两腿侧分,两手触脚尖。

②杠铃练习:肩负杠铃弓箭步走;或者肩负杠铃深蹲,向上跳起;或者肩负杠铃,左脚踏在0.5 m高的木凳上,接着迅速蹬直左腿,并随即将右腿抬起站在木凳上,交换两腿连续进行;或者肩负杠铃半蹲,向上跳起并绷直脚尖。

③哑铃练习:俯卧在木凳上,脚跟安置哑铃,做屈小腿动作;或者左脚前举,右腿屈膝下蹲,两臂前平举,手握哑铃,右腿迅速蹬地伸直站起,同时两臂做扩胸动作;或者仰卧在凳子上,膝关节弯曲成直角,脚面安置哑铃,做伸膝动作。

④其他练习:立定跳远;或者两脚夹实心球站立,向上跳起,小腿后屈向上抛球。

(3)腹部肌肉群的动力性力量练习

①徒手练习:仰卧举腿,脚尖绷直,两臂在腿后击掌;或者仰卧,两臂置于体侧举腿,脚尖在头上点地;或者仰卧,两臂上举,以臀部为支点,用力收腹,用手触及地面;仰卧起坐。

②杠铃练习:仰卧在长凳上,或者两手持杠铃片置于头后,做仰卧起坐练习;或者仰卧屈膝,两脚固定,两手握杠铃置于胸前,做仰卧起坐练习。

③哑铃练习:仰卧在斜板上,两手握住板的上端,两脚套住哑铃,做举腿动作;或者仰卧,两臂肩后伸,手持哑铃,做仰卧起坐。

④其他练习:肋木悬垂举腿;或者双臂支撑双杠,收腹举腿。

(4)背部肌肉群的动力性力量练习

①徒手练习:俯卧,屈小腿,两手后伸握住踝关节,要充分拉长体前肌肉群和大腿前部肌肉群,上体后仰,挺胸抬头,目视前方,放松,重复练习;或者俯卧,两臂前举,做体后屈练习。

②杠铃练习:两脚左右开立,肩负杠铃,体前屈,抬起上体成直立;或者两脚左右开立,上体前屈,手提杠铃,然后上体迅速抬起成直立;或者俯卧在长凳上,脚固定,两手持杠铃片置于头后,做体后屈练习。

③哑铃练习:俯卧在跳箱上,上体前屈,两脚固定,两臂伸直,手持哑铃,做上体屈伸

练习。

④其他练习:面对肋木,两手正握肋木悬垂,做大腿向后伸展练习。

总之,在发展力量素质的练习过程中,应注意:

(1)练习力量之前要有充分的准备活动。练习中要逐渐增加重量和次数,以免受伤。

(2)重量要逐渐增加,重复次数要增多,可以二者依次增加,因为只有超过以往的负荷,才能发展力量。

(3)根据需要,有目的地结合实际并保持经常性练习,以利于动作的协调性和速度的保持。

(4)练习力量素质不要急躁。力量素质的特点是长得快,消得快;长得慢,消得慢。如果想保持原来的力量,每周都要练习一次,所以力量练习既要持之以恒,又不要急于求成。

四、灵敏素质及训练

(一)灵敏素质的概念及意义

1. 灵敏素质的概念

灵敏素质是指人体在各种突然变换的条件下,快速、协调、敏捷、准确地完成动作的能力,是人的运动技能、神经反应和各种身体素质的综合表现。灵敏素质之所以是运动技能、神经反应和各素质的综合表现,是因为各专项的每一个动作都不同程度地体现力量、速度、耐力、柔韧等素质。通过力量特别是爆发力,控制身体的加速或减速;通过速度,特别是爆发速度,控制身体移动、跨越、变换方向的快慢;通过柔韧素质保证力量、速度的发挥;通过耐力保证持久的工作能力。这些素质的综合运用才能保证动作的熟练程度,而动作的熟练程度必须在中枢神经支配下才能加强。反应迅速、判断准确、及时做出应答动作是灵敏素质的先决条件,各素质协同配合是完成应答动作的基础。应答动作的熟练程度直接体现了灵敏素质的高低。所以说,灵敏素质是运动技能、神经反应和各种素质的综合体现。灵敏素质按其与专项运动关系来看可分为:一般灵敏素质和专项灵敏素质。

一般灵敏素质是指人在各种活动中,在突然变换的条件下,迅速、合理、准确地完成各种动作的能力,它是专项灵敏素质发展的基础。专项灵敏素质是指运动员在专项运动中,迅速、准确、协调自如地完成本专项各种技术动作的能力。它是在一般灵敏素质的基础上,多年训练专项技术并提高专项技能的结果。

2. 发展灵敏素质的意义

灵敏素质是协调发挥各种身体素质能力,提高技术动作质量和创造优异运动成绩的重要条件。它在各个运动项目中发挥的作用主要有以下两点:

(1)能够保证人体准确、熟练、协调地完成动作,取得优异的运动成绩;

(2)能够灵活、巧妙地战胜对手,取得比赛胜利。

(二)灵敏素质的构成要素

构成灵敏素质的要素有很多:

(1)生理要素:

①大脑皮质神经过程的灵活性;

②运动分析功能；
③体型、体重等。
(2)性别要素。
(3)疲劳程度要素。
(4)情绪要素。
(5)其他身体素质发展水平要素。
(6)气温要素。

(三)发展灵敏素质的注意事项

灵敏素质在身体素质中占有特殊的地位，它以各种方式与其他身体素质发生联系，并且与动作的熟练程度密切相关。构成灵敏素质的因素有很多，有体型体重、大脑皮质神经过程的灵活性和运动分析功能等生理要素；还有疲劳程度、情绪以及气温等要素，这些因素都会影响或造成灵敏性下降。训练中应注意：

1. 训练方法与手段应多样化

灵敏素质的发展与各种感觉器官和运动器官机能的改善有密切的关系。人体能否在运动中表现出准确的定向定位能力和动作准确、迅速变换的能力，都取决于各种感觉器官、运动器官功能。而人体一旦对某一动作技能熟练到自动化程度，再用该动作去发展灵敏素质，意义就不大了。因此，发展灵敏素质训练的方法应是多种多样的，并且要经常改变。这样不仅可以使人掌握多种多样的运动技能，还可以改善人体的分析功能，在运动中不仅能够表现出时间、空间三维立体中的准确定向定时能力，还能表现出动作准确、变换迅速的能力。

2. 掌握本专项一定数量的基本动作

运动技能的本质是条件反射，这种在大脑皮层中建立的条件反射暂时联系的次数越多，临场及时变换动作的暂时联系的接通就越迅速、准确。在已掌握的运动技能的基础上，可以快速形成新的应答性动作来应对突然发生的情况。因此练习者应尽量多掌握一些基本动作、基本技术及战术等，这样做有利于提高灵敏素质。

3. 抓住发展灵敏素质的最佳时机

灵敏素质是由中枢神经系统指挥的，是各种能力的综合表现。儿童时期是神经系统发育最快的阶段。儿童具有较好的反应能力，在动作速度、平衡能力、节奏感等方面具有很大的发展潜力，这些都为发展灵敏素质提供了有利的条件，因此应抓紧在儿童这一阶段进行灵敏素质训练。

4. 灵敏素质训练应当系统化

灵敏素质训练在整个训练过程中都应该适当安排，使之系统化。但训练时间不宜过长，训练重复次数不宜过多。因为机体疲劳时运动员力量水平会下降，速度节奏感被破坏，平衡能力会降低，这些都不利于灵敏素质的发展。要根据不同训练的特点来安排灵敏素质的训练。如随着比赛临近，技术训练比重增加，协调能力的训练应相应加强。准备期以一般灵敏素质训练为主，而比赛期以专项灵敏性训练为主。在每周一次的训练课中应把灵敏素质的训练安排在课堂的前半部分，让练习者在体力充沛、精神饱满、运动欲望强的状态下进行。

5.灵敏素质训练应有足够的间歇时间

在进行灵敏素质练习的过程中,应给练习者留有足够的间歇时间,以保证"氧债"的偿还和肌肉中三磷酸腺苷能量物质的合成。但休息时间又不宜过长,因为休息时间过长会使中枢神经系统的兴奋性大幅度下降,在下次练习中就会减弱对运动器官的指挥能力,使动作协调性下降、速度减慢、反应迟钝,这必然影响练习的效果。

(四)发展灵敏素质的方法

(1)在跑、跳中迅速改变方向。让练习者在跑、跳中做迅速改变方向的各种躲闪、突然起动以及快速急停和迅速转身等练习。

(2)做专门设计的复杂多变的综合练习,如用"之字跑""躲闪跑""穿梭跑"和"立卧撑"四项组成的综合性练习。

(3)以非常规姿势完成的练习,如侧向或倒退方向的跳跃练习(如跳远、跳绳等)。

(4)以非常规训练条件完成的练习,如改变训练场地条件、负重完成练习、在不同的场地训练、限制完成动作的空间练习等。

(5)改变完成运动的速度或速率的练习,如变换动作频率或逐步增加动作的频率。

(6)做各种调整身体方位的练习,如利用体操器械做各种较复杂的动作等。

(7)变换方向的游戏练习,做各种变换方向的追逐性游戏和对各种信号做出应答反应的游戏等。

五、柔韧素质及训练

(一)柔韧素质的概念及意义

1.柔韧素质的概念

柔韧素质是指人体关节的活动幅度以及跨骨关节的韧带、肌腱、肌肉、皮肤及其他组织的弹性和伸展能力。关节的活动幅度主要取决于关节本身的结构。跨骨关节的肌肉、肌腱、韧带等软组织的弹性和伸展能力,则主要通过合理的训练获得。柔韧素质可分为主动柔韧性和被动柔韧性;若按测量条件,又可分为一般柔韧性和专门柔韧性两种。柔韧素质具有显著的局部性,某部位的柔韧性可能较另一部位的柔韧性差些。柔韧素质包括四肢和躯干各关节的柔韧性,又可按身体各部位分为指、腕、肘部柔韧性等。

2.发展柔韧素质的意义

柔韧训练就是对肩、肘、腕、髋、膝、踝、脊柱等各关节灵活性的练习。在运动训练中,因项目不同对各关节活动幅度的要求程度也就不同。但各关节柔韧性的全面发展是基础,只有在全面发展的基础上,才能应对不同专项需要的不同关节部位的柔韧性。如跨栏运动员下肢柔韧性好,就能充分发挥弹跳力以赢得空中发力的时间。短距离跑对运动员髋、膝、踝、脊柱等各关节柔韧性有较高的要求,甚至对肩、肘、腕的柔韧性也有较高的要求,因此,柔韧素质对各项运动技术的掌握和发挥具有重要的作用。了解影响柔韧素质的因素,掌握柔韧素质的发展规律,正确运用发展柔韧素质的训练方法、手段是提高训练效果所必需的,同时对防止受伤和少走弯路也有好处。

(二)柔韧素质的构成要素

影响柔韧素质的主要因素有骨关节结构,肌肉、肌腱、韧带等的伸展性,关节周围组织的大小、年龄及性别,以及活动水平、温度、疲劳程度等。

(三)发展柔韧素质的注意事项

在了解这些影响因素的基础上,依据柔韧素质的发展规律,在发展柔韧素质训练时应注意以下事项。

1. 循序渐进,持之以恒

柔韧素质的发展需要强大的意志。这一训练过程痛感强,见效慢,一旦停止,训练效果便会消退。要持之以恒地参加训练才能见效。由于肌肉、韧带等软组织的伸展性无法快速得到提高,所以应逐步提高训练要求,做到循序渐进,不能急于求成。可见关节柔韧性训练要做到系统化、常规化。特别是当身体某一部位因伤停止训练后,该部位所获得的柔韧效果将全部消退,其恢复期相对延长。因此,在某一部位受伤后,其他部位仍应适当接受训练,否则柔韧性会因停练而消退。

2. 针对不同项目和不同运动员

柔韧素质训练必须根据专项特点和训练者的具体情况安排,例如,定向运动项目的运动员除了要求髋、膝、踝、脊柱等处关节有较强的柔韧性,还要兼顾肩关节柔韧性。因此,在全面发展身体各部位柔韧性的基础上,要重点训练本专项特别强调的几个部位的柔韧性。

3. 与发展力量素质相适应

柔韧素质发展应伴随着肌力增长协调发展,使肌力增长不因体积增长而影响关节活动幅度。力量素质训练发展肌肉的收缩能力,而柔韧素质训练发展肌肉的伸展能力。因此,将力量素质训练与柔韧素质训练相结合对提高肌肉质量最为有效,既能促进力量和柔韧性的同时增长,又能保证关节灵活性的稳固。

(四)发展柔韧素质的方法

最常用的柔韧素质练习是拉伸练习,包括动力性拉伸练习和静力性拉伸练习。练习时可以主动完成,也可以在他人帮助下被动完成。

1. 主动拉伸练习法

主动拉伸练习法是指练习者依靠自身力量,通过对与某关节相关联的肌肉进行主动收缩,来增加关节灵活性的方法。它又分为主动的动力性拉伸练习和主动的静力性拉伸练习两类。

(1)主动的动力性拉伸练习

主动的动力性拉伸练习是指练习者依靠自己的力量,将肌肉、肌腱、韧带等软组织拉长,提高伸展性的方法。主动肌的屈曲、放松和退让,要与拮抗肌的力量相符。在运用该方法时用力不宜过猛,幅度一定要由小到大,先做几次小幅度的预备拉长,然后加大幅度,避免拉伤。

(2)主动的静力性拉伸练习

主动的静力性拉伸练习是指练习者在动作最大幅度的情况下,依靠自身肌肉力量保持静止姿势的练习。采用此方法时,屈伸双侧肢体至最大程度,并保持6～12秒。

2. 被动拉伸练习法

被动拉伸练习法是指练习者依靠外力的作用,促进关节灵活性增强的方法。它又分为被动的动力性拉伸练习和被动的静力性拉伸练习两类。被动拉伸练习多是借助教练员或同伴,用力逐渐加大,加大的程度以个体的自我感受为依据。强度的加大要逐渐进行,不可过大过猛。

(1)被动的动力性拉伸练习

被动的动力性拉伸练习是靠同伴的帮助或负重,借助外力的拉伸来拉长韧带、肌肉的。但外力应与练习者被拉伸的可能伸展能力相适应。

(2)被动的静力性拉伸练习

被动的静力性拉伸练习即由外力来保持固定姿势的练习。练习时一般要求在酸、胀、痛的位置停留6～8秒,重复6～8次。这种方法可减少或消除超过关节伸展能力的危险性,防止拉伤。由于拉伸缓慢不会引发牵张反射。

上述方法可单独采用,亦可混合运用,练习时间可根据需要确定。在练习时,要根据不同的关节,确定发展柔韧性阶段和保持柔韧性阶段的练习重复次数。间歇,可安排一些肌肉放松练习,为下次练习时加大关节活动幅度提供条件,获取良好的训练效果。

3. 常用手段

(1)在固定器械上的练习:利用肋木、平衡木、跳马、吊环、单杠等进行;
(2)利用轻器械的练习:利用木棍、绳、弹力带等进行;
(3)利用外部阻力的练习:通过同伴的阻力、负重等进行;
(4)利用自身所给的阻力或自身体重的练习:如通过压腿、吊环或单杠悬垂等进行;

发展各关节柔韧性所采用的动作:压、踢、摆、搬、劈、绕环、前屈、后伸、吊转等。

4. 伸展练习动作分析与技术要点

进行伸展练习时要根据练习目标肌肉进行动作分析,确定伸展技术,并明确练习时的注意事项。下面以腘绳肌的伸展练习为例,学习静力性伸展技术的运用。腘绳肌的主要功能是使膝关节屈,同时腘绳肌中的股二头肌长头、半腱肌、半膜肌又有使髋关节伸的功能,因此要充分伸展腘绳肌就应该包含膝关节伸和髋关节屈两个关节运动。腘绳肌的静力性伸展练习动作技术主要有主动式和被动式两种。

主动式伸展技术练习时,练习者仰卧在地板上,左腿伸直,右腿抬起,膝关节弯曲,大腿与地面垂直,双手拉住右膝关节后部,然后收缩大腿股四头肌,使右膝伸直,但不要锁定。停顿保持10～30秒后,慢慢回到起始位置。完成右腿抬起练习后换左腿重复以上动作。在每组运动中不断交替右腿和左腿进行练习。

被动式伸展技术练习时,让练习者仰卧在地板上,手臂放置于身体两侧,教练应位于练习者伸展腿的同侧,单膝跪地,将练习者伸展腿置于自己肩部固定,使膝关节伸直但不锁定,双手放在练习者膝关节上部,将小腿向上体方向推至垂直位置,停顿保持10～30秒后,慢慢回到起始位置。在每组运动中不断交替右腿和左腿进行练习。

要达到最佳伸展练习效果,提高柔韧性,必须注意以下事项。在开始伸展练习前要做好热身活动,如慢跑,以预防损伤;起始位置时的姿势必须正确和稳定;伸展练习应按从大关节到小关节的顺序进行;练习时要保持呼吸自然顺畅,不要屏息;拉伸肌肉使之保持在中等强度,在这个强度下,会有轻微的刺痛感,但拉伸过度会使肌肉刺痛感加强。静力性伸展需要持续10~30秒,一般不要超过30秒。

5. 伸展练习动作要领

(1)上肢和下肢

①肩部伸展。手指互锁,双手抬到头上。下背部保持平直或稍微向内弯曲。可以采用坐姿或站姿进行。

②肱三头肌伸展。将左手置于头部后方,尽量向背部下方伸展,右手抓住左肘,缓慢拉动左肘向头后方下移,可以采用坐姿或站姿进行。换另一只手臂重复。

③胸部伸展。双手伸到背部后方勾在一起,逐渐伸直双肘,在感觉舒适的范围内尽量向上抬高手臂。可以采用坐姿或站姿进行。

④下背部伸展。仰卧,右脚脚底贴在左大腿上,左手抓住右膝,柔和地拉着右膝向左转动,在使右肩保持紧贴地面的前提下,尽量使右膝靠近地面。

⑤股关节伸展(立姿)。双脚分开,脚尖指向前方,弯曲右膝,逐渐使重心移向右腿,左腿伸直,双手放在右膝上,以支撑上体。可加大起始动作中的双脚间距,以便加大伸展幅度。

⑥股关节伸展(坐姿)。将双脚脚底贴在一起。双手抓住双踝,双肘靠在双膝上。利用双肘柔和地推动双膝下降,直到股关节有伸展感。

⑦股四头肌伸展。直立,一只手抓住某个支撑物(比如椅子)以便保持平衡。另一只手抓住同侧脚踝,向上拉动这只脚,直到脚跟触到臀部。换另一条腿重复。

⑧股后肌群伸展。坐下,双腿在身体前方伸展,背部保持垂直,弯曲左腿,使左脚脚底紧贴地面。上体缓慢前倾,争取双手触到右脚脚尖。上体自腰部前倾,下背部保持平直,不要低头。换另一条腿重复。

⑨小腿伸展。面对墙站立,身体与墙相距一臂长,双脚开立与肩同宽。右脚移至左脚前方约60 cm处。脚跟保持紧贴地面,右膝弯曲,使身体向着墙倾斜,左腿伸直,身体缓慢向着墙移动,加大伸展幅度。换另一条腿重复。

⑩跟腱伸展。这个动作的步骤与上面的动作大体相同,但要弯曲双膝,使得身体靠近墙。上体不能前倾,保持身体笔直下降,并使两脚脚跟紧贴地面。换另一条腿重复。

⑪髂腰肌伸展。右腿单膝跪地,左腿向前一步,双手放于膝关节上方,收腹,保持骨盆后倾或中立位,身体重心前移,牵拉时有牵拉感和微痛感。静立性伸展状态下保持15~30秒。在这个过程中要求均匀呼吸,不憋气。

⑫臀大肌伸展。身体平躺于坐垫上,大腿与小腿成90°,右腿放于左腿大腿之上,双手交叉放于左腿大腿后侧,向胸部方向做牵拉,收腹、挺胸、下颌微收,耳肩髋在同一直线上。静立性伸展状态下保持15~30秒。在这个过程中要求均匀呼吸,不憋气。

(2)躯干肌

①斜方肌。面朝固定物站立,双手交叉扶住固定物,双脚位于双手正下方,向后方发力,低头,肩胛骨充分前伸。牵拉时有牵拉感和微痛感。要求静立性伸展状态下保持15~30秒。在这个过程中要求均匀呼吸,不憋气。

②背阔肌。面朝固定物站立,双手交叉扶住固定物,双脚与双手一臂之宽,向后方发力,上半身与地面平行,腰背挺直,臀部后坐,身体与地面接近平行。牵拉时有牵拉感和微痛感。要求静立性伸展状态下保持15~30秒。在这个过程中要求均匀呼吸,不憋气。

③竖脊肌。面朝固定物站立,双手扶住固定物,双脚位于双手正下方,向后方发力,低头、弯腰、弓背、骨盆后倾,从侧面看成C形。牵拉时有牵拉感和微痛感。静立性伸展状态下保持15~30秒。在这个过程中要求均匀呼吸,不憋气。

(3) 胸肌

①保持身体站直,将右臂抬高,右小臂抵着后脑勺,右手能摸到左侧的肩胛骨,然后左手绕过头顶,用力扳平右臂的肘关节,使其垂直于身体,保持这个动作15~20秒,然后再换另一侧。

②保持身体站直,将一条手臂从胸前横过,保持平行于地面,另一只手的小臂用力固定住它的肘关节部位,然后向内挤压,保持横在胸前的手臂伸直,感受胸部和二头肌有明显的拉伸感,保持15~20秒,再换另一侧。

③找到一个固定物体,一根柱子或者墙壁的夹角部位都可以。将一条手臂尽量抬高,用大臂或者肘关节贴紧该固定物体,身体发力向内挤压。这时候胸部会有明显的拉伸感,保持15~20秒,然后换到另一侧,可以依次交替做2组。

④将手臂横在物体前,将肩部顶紧物体,使大臂保持水平,然后向内挤压,身体可以前倾,加大拉伸的幅度,保持15~20秒,左右各做2组。

(4) 腹肌

①身体俯卧在地面或者平垫上,双腿双脚分开与肩同宽,身体伸直,保持均匀呼吸,双臂伸直,双手撑地慢慢向身体一方移动,直到感觉腹部有拉紧的感觉,保持呼吸,坚持10秒,慢慢放回原位。在拉伸的过程中,速度不宜过快,否则可能导致肌肉拉伤,另外一定要配合好均匀的呼吸。该运动主要拉伸腹直肌。

②身体站立,双腿双脚分开与肩同宽,上身保持挺直的状态,一侧手搭于同侧的腰部,另一侧手臂伸直,向搭腰部的一侧进行弯举,保持均匀呼吸,感觉被拉伸的一侧腹斜肌完全拉紧,坚持10秒,慢慢回到原位,换另一侧。同样,在拉伸的过程中速度不宜过快,防止拉伤,该运动主要拉伸腹斜肌。

③身体俯卧在地面或者平垫上,双腿双脚分开与肩同宽,身体伸直,保持均匀呼吸,双臂伸直,上半身保持自然放松状态,双手撑地向后移动,腿部弯曲直至臀部坐在踝部,全身放松,保持均匀呼吸,坚持10秒,该动作主要放松腹横肌和腰部。

六、身体素质的多维转移

身体素质多维转移是指在身体训练中,某一身体素质的发展,引起另一种或几种素质多维转移。身体素质转移是身体训练和运动训练过程中客观存在的现象。这是因为各种身体素质(如力量、耐力、速度、灵敏、柔韧等)并不是孤立存在的,也不是独立发展的。它们之间具有不同程度的相互联系,能够相互促进或相互制约。人体是一个高度统一的有机整体,从本质来说,人体运动都源于肌肉的收缩,肌肉活动又都是在中枢神经系统的支配、调控下,通过各个运动器官以及各系统的相互协调作用来实现的。在身体训练过程中,在发展某一素质的同时,都将或多或少地影响其他素质的变化。例如,经常性的速度素质训练,不仅增强了神经系统的灵活性,也提高了无氧代谢能力,结果不仅仅增强了速度素质,同时也增强了神经系统兴奋的强度和有氧代谢能力等,因而也促进了力量、耐力、灵敏等素质的提高。

(一)身体素质转移的意义与类别

1. 身体素质转移的意义

身体素质转移,是运动生理学上一个十分重要的理论问题,科学地进行身体训练,对身体素质的转移和发展体能会产生积极的影响,其意义主要表现在以下几方面:

(1)科学地掌握和实现身体素质的转移,有助于促进儿童和青少年身体正常发育,增进健康;有助于中枢神经系统对各器官、系统产生积极影响,从而有效地改善身体机能。

(2)良好的身体素质转移,可促进身体素质的全面发展,并使身体形态变得匀称。

(3)科学地进行身体训练,把握身体素质的转移规律,为更快、更好地掌握动作技能创造条件,常常会起到事半功倍的效果。相反,如果运用不当,或者违反了转移规律,常常会干扰其他素质的发展,甚至使其他素质的原有水平下降。

2. 身体素质转移的类别

在身体素质相互关系中,各种素质都有其自身的特点,不同素质相互作用,其性质不同,最后产生的转移效果亦不相同。根据转移的效果可分为良性转移与劣性转移;根据转移的层次可分为直接转移与间接转移。

(1)良性转移与劣性转移

良性转移是指在某一身体素质发展的同时,也促进了另一素质的发展。例如在短跑训练时,常常采用加速跑和爆发力等动力性力量练习,其结果既促进了速度素质的提高,也发展了力量素质。劣性转移是指发展某一身体素质时,对另一些素质的发展产生不良影响。例如在发展柔韧素质时,如果采取了过度和不适当的训练方法与手段,致使肌肉、韧带柔软而无力,其结果会影响力量素质的提高。各个身体素质之间劣性还是良性转移,在于对某一素质训练时在时间上、强度上的作用程度。因此,在提高身体素质时,必须严格控制时间和负荷强度。另外,不同的素质,所要提供的能量基础也不一致。例如,速度素质要求神经系统具有较好的灵活性,而耐力素质则要求神经系统具有较好的稳定性;又如,柔韧素质要求肌肉、肌腱和韧带有较好的伸展性,而力量素质则要求它们有较大的收缩能力。所以,通过科学训练,相应的素质可以得到提高。如果训练不当,另外一些素质的发展就会被干扰。

(2)直接转移与间接转移

直接转移是指在良性转移中,某一身体素质的发展能直接引起另一素质的发展。例如,腿部伸肌的动力性力量得到发展时,会直接促进速度素质的发展。又如,手臂屈肌的静力性力量得到发展时,直接引起手臂力量的提高等。间接转移是指在训练时,某一身体素质不能直接引起另一素质的发展,但这一素质的发展,为以后另一素质的发展创造了条件。例如在力量训练时,训练者的伸肌静力性力量得到了发展,它虽然不能直接提高跑的速度,但是它为动力性力量的发展创造了条件。当后来采取合理的手段进行动力性力量练习时,可以使原来的静力性力量转化为动力性力量,同样使速度素质得到发展,并取得更好的训练效果。

(二)身体素质间的相互关系

1. 力量素质与速度素质的关系

力量素质与速度素质具有正相关关系,即力量素质与速度素质的发展是相互依存和相互促进的关系。特别是经过长期和系统的速度训练之后,运动员的速度素质得到提高,与此同时,力量素质也得到提高。同样,系统地进行力量素质训练后,也可使肌纤维增粗,特别是白肌纤维横切面增大,收缩蛋白质增加,对提高速度素质起到积极的作用。

2. 力量素质与耐力素质的关系

力量素质与耐力素质既具有相互促进的关系,又有相互制约的关系。在力量素质训练中,获得的肌力、爆发力和力量耐力,对提高短时耐力素质产生良性转移。这是因为力量素质和短时耐力所需的能量供应形式相对接近,但与长时耐力要求的能量供应形式有较大的差异。因此,过度的力量素质训练(长时期和高强度的力量训练)对长时耐力并不有利。同样,长期耐力训练,也并不能导致力量素质的提高,尤其是对最大肌力的提高无多大意义,甚至会起到制约作用,特别是对爆发力的提升极为不利。

3. 速度素质与耐力素质的关系

速度素质与耐力素质之间具有一定的联系。在通常情况下,速度素质与短时耐力的正相关性较高,与中时耐力关系一般,而与长时耐力关系并不密切。这是因为,人体在最高速度时,生理过程常处于无氧代谢状态之中(这时主要依靠白肌纤维的积极工作)。因此,在一定程度上速度素质的发展对短时耐力的发展常常起到积极的作用,但如果长时耐力高度发展(主要依靠红肌纤维的积极工作),必将影响速度素质的提高。

4. 力量素质与柔韧素质的关系

力量素质与柔韧素质的发展,如果处在相互适应的范围内,可以起到一些互利作用,但并不明显。实践证明:如果两种素质中的任何一种素质,不恰当地或过度地发展,都会对另一种素质的提高起到制约作用。例如柔韧素质的过度发展,特别是单一性地、不恰当地扩大关节活动范围,肌肉、肌腱、韧带过分伸长,必然导致肌肉失去弹性,进而影响肌肉的收缩能力,最后将严重影响力量素质的提高。

七、综合应用——越野跑能力的训练

定向运动的越野跑训练,是为了让身体储备足够的专项素质基础能力以满足比赛的需要。它不像田径项目中的中长跑训练和比赛,有固定的距离、标准的场地、同样的气候条件,赛前就可以计划出每圈的速度,以达到理想的目标。每个专业中长跑运动员都有稳定的跑步节奏,可以计划出体能的分配情况,但定向运动是在复杂多变的地形上的变速跑,所以存在不确定性。在进行体能训练时,针对定向运动的耐力训练,可以参考中长跑训练的手段与方法,来提高心肺功能。看上去训练的套路相似,但本质不同,完全按照中长跑运动员训练的方法是培养不出优秀的定向运动员的。先要打破已有的中长跑的节奏,建立定向运动的新节奏。这种新节奏完全是为了适应越野跑的需要,其内涵远远超出中长跑节奏的内涵。这种节奏或者叫定向运动跑的基本规律,其外在表现是在不同的地形上采用不同的奔跑方法,且在各种不同地形上的跑法是有各自规律的。

(一)越野跑训练

越野跑训练不可能每一次都到野外去选择不同的地形来练习,在田径场、校园内采用不同的方法练习,也可以达到良好的效果,但训练手段与方法的设计必须是针对野外环境而制定的。在训练时就要有针对性,有别于田径长跑运动员训练的方法。

1. 持续跑能力的训练

这里的持续跑需要的时间很长,2~4 小时。对于有一定长跑基础的中学生、大学生,在训练初期不做太多要求,只是将队员带至公园或类似公园的环境中,要求他们不考虑速度,只是不停地跑,最低限度是不准走,可以对完成时间做准确的要求。经过一段时间的训练,队员能够适应连续跑所规定的时长后,就可以进行下一步训练——速度感、距离的训练。

(1)在规定的距离上反复跑。比如进行 3 000 m 跑,记录每次跑完的时间并告诉队员,把成绩与跑时的速度进行比较。反复练习,直至跑完 3 000 m 后所估计的时间与教练手中秒表所计的时间相差不大,在某段时间、某个区域内相对稳定。

(2)定时跑。采用 12 分钟定时跑,要求跑够 2 400 m,2 分钟跑 400 m,不能快,不能慢。通过反复练习要记住 2 分钟跑 400 m 的速度感觉。在田径场上完成几次基础训练后,能够根据时间,确定所跑的距离,那么跑的能力训练就可以告一段落。

2. 变速跑能力的训练

田径长跑比赛中的运动员通常采用变速跑战术来打乱对手的节奏,从而获得比赛的胜利。也有运动员不采用这种方法,如某运动员的冲刺能力不如别国选手,但他一开始就以较快的速度领跑,并始终保持,直至胜利,不给对手机会。哪个定向运动员也躲不过变速跑,且在比赛中往往不得不多次运用变速跑来捕捉点标,因此在训练中应特别注意变速跑能力的提高。变速跑突快突慢,非常消耗体力,对心肺功能要求极高。要练好变速跑,关键在于提高心肺功能。开始在田径场上训练时,首先采用 100 m 快速跑,100 m 慢速跑,最后采用 50 m 快速跑,50 m 慢速跑。把调整周期逐步缩短,使有氧训练和无氧训练有机结合起来,使心肺耐力适应这种快速转换的过程。接下来变速跑的距离变化不再有规律。例如 800 m 中长跑:50 m 慢速跑—100 m 快速跑—300 m 中速跑—300 m 慢速跑—50 m 冲刺。训练中,教练可针对个人的具体情况规定每段距离时间。

3. 组合训练

在定向比赛中,路况瞬息万变,不知道前方会遇到什么样的困难,就连将要迈出去的每步都有可能发生意外,如一脚踏空,一脚踏上活动的石块,一脚踏上尖利的树桩等。所有这些情况都会给比赛造成时间上的延误,甚至导致运动员受伤,退出比赛。所以在训练中要有针对性,提高练习者的应变能力,最大限度地避免受伤。全面提高身体素质,仅仅靠跑是不够的。训练中穿插一些篮球、足球练习,以提高练习者的变向跑能力;进行简单的体操练习,用组合训练法提高综合能力。例如:5 个俯卧撑—立定多级跳—沙坑中纵跳 20 次—翻越障碍物—负杠铃深蹲—左、右单足跳各 15 次—原地高抬腿 30 次—跳上箱顶—双脚落地跳下再跳上另一只箱顶—单脚落地跳下—助跑两步跨低栏 3 个(栏间两步)—下栏后30 m冲刺跑。对于这种训练以在规定的时间内,如一个小时内完成几次来衡量水平、综合能力的提高与否。在组合的具体内容上,可根据现有训练条件进行调整,项目数量上可增可减。

(二)野外跑训练

仅仅能在田径场、公路上跑还不能适应定向越野比赛的要求,还必须能在野外各种路况上奔跑。野外跑训练就要解决这个问题,以达到迅速准确,避免受害。在能看清路面的道路上尽快跑;上坡时,上体前倾,腿抬高;下坡时上体后仰,步幅小。如果路上无障碍,体力充沛时,也可大步幅下坡节省体力,提高速度。在杂草地带,脚要抬高,以免绊倒,如遇有砍柴的痕迹,落脚时要小心,以免被扎伤脚,速度慢些,否则欲速则不达。乱石地带,脚踩石头跑,不能踩实,移动脚要迅速,控制好身体重心,以免踏上活动的石块扭伤脚。遇到干沟,根据自己的体力和弹跳能力而定,能够跳跃过去,就像跳远那样加助跑跳跃过去,不能跃过或拿不准,就通过沟底跑过去。遇水沟,窄就跃过,若宽最好是趟过去,趟的时候别光脚,免得脚被异物扎伤。一旦受伤,只能退出比赛。

可以说定向运动的越野跑能力是建立在身体五大素质基础上的,要想在定向运动中有更好的运动表现,就要强化基本身体素质的训练,反过来从事定向运动又能提高身体素质。可以参考下面的专项训练计划,持之以恒就能够随着定向运动专项技能的提高增强自身的身体素质,拥有强健的体魄。

八、专项训练计划

定向运动员个人训练计划是根据定向运动特点以及运动规律而制订的。一般而言,制订不同训练计划时应包括训练目的、训练内容、注意事项等几个方面。

(一)入门级定向训练计划

1. 训练目标

掌握一定的定向训练知识和基本技能,培养良好的方向感知力,为今后定向训练打下良好基础。

2. 训练时间

初学者一般以两个月为期,青少年运动员则应延长至半年左右。

3. 初学者定向训练计划示例

(1)练习者情况分析:本人基本身体状况、身体素质、预期目标等。

(2)训练目标:应通过以有氧训练为目的的耐力训练,提高心血管系统的机能和腿部力量,训练、学习定向运动的基本知识。

(3)周训练内容安排:每周训练3次(如周一、周三、周五或周二、周四、周六),每次训练时间约1小时。

第一次

①速度游戏训练20分钟,即走跑结合,快慢结合,持续20分钟。

②中速跑100 m,做3组,每组之间应恢复5~6分钟。

③学习定向基本技能知识:地图颜色符号等都表示什么等,即识图训练。

④腿部力量训练:沙坑持续跳 50 次 1 组,做 3 组。

第二次

①越野跑 30 分钟。

②学习定向基本技能知识:比例尺的计算练习,在一张白纸上画出长短不一的线,其方向分为东、西、南、北。练习者则根据教练发出的口令,按指定的方向跑完相应的距离。例如:口令指示(东向,比例尺 1∶5 000),练习者则按白纸上画线长短向东向跑出。如果东向线长 20 mm,则跑 1 000 m。西向 30 mm,则跑 1 500 m……一次比例尺训练课分别进行 1∶1 000,1∶5 000,1∶10 000 等不同比例尺的计算训练,间歇 1 分钟,重复 2 组,组间休息 4～6 分钟。

③腿部力量练习:沙坑持续跳 100 次 1 组,做 3 组。

第三次

①场地慢跑 5 000 m。

②学习定向基本技能知识:识别图地练习和根据地图的颜色按图示的顺序到访各点。

③练习方法:讲解图例符号、不同颜色的含义等。之后,根据地图上的标志进行练习,把不同颜色连接起来,依次到访练习。

④越野跑 30 分钟。

4. 运动负荷安排

(1)负荷强度:中等强度练习,脉搏控制在 130 次/分。

(2)负荷量:中等,包括组数中等、次数中等;每次课训练 1 小时左右,训练 1 个月后可适当延长训练时间。

(3)训练节奏:第一次中等运动量,第二次中等运动量,第三次大运动量。

5. 注意事项

(1)严格执行训练计划,保证训练次数。

(2)训练前的准备活动和训练后的整理活动,要遵循定向运动的特点进行。

(3)注重饮食营养。要注意多吃自然食品,多摄取蛋白质、糖原等营养物质。

(4)因材施教,注意个别对待,对体能差者减量,对体能强者要适当加量。

(5)加量训练的基础阶段,必须循序渐进地增大负荷练习,负重训练的肌群必须是在运动中实际应用的肌群。

(6)体能的耐力训练应重点发展有氧练习,针对性地选择发展有氧训练的高级练习。

(7)对初学者要进行适当的定向运动基础理论知识讲解与实践应用,使他们对定向运动的基本知识有所了解,避免训练中的盲目性。

(二)初级定向训练计划

1. 训练目标

通过训练,练习者初步掌握定向运动基本技能,体能素质也有较明显的提高,从而达到定向运动的技术要求,能参加一般比赛,有一定的比赛体会。

2. 训练时间

训练时间一般以 6 个月或 1 年为期。

3.初级定向训练计划示例

(1)练习者的情况分析:练习者已有半年的定向训练经历,身体素质一般,方向感意识较强,但耐力一般,野外综合技术能力意识运用不够。需要体能训练。

(2)训练目标:

①提高方向感训练,运用到技术中去;

②发展机体的耐力素质能力,提升体能训练水平;

③参加定向比赛,提高定向运动技术水平,提高实战经验和体会。

(3)周训练内容安排:每周训练5次,即除双休日外,每天训练1次(具体时间可根据工作学习时间的不同情况安排)。

①周一、周五:专项技术训练。

a.指南之星训练:3组,做不同方向的练习。一般选择4~5个方向,出发点设定在地图的中心,成三角形,完成一个方向后返回到起点再做向另一个方向的练习,该项练习在野外进行。

b.百米定向训练:在100 m×100 m的场地设5~12个点进行练习,这项训练可以在田径场或选择在公园内、丛林中、郊外进行。

c.线路训练:3组,即在野外根据地形情况有目的地进行困难线路练习。如:两点标之间有山有水有建筑物等。练习者根据自己对定向运动知识理解的不同,选择正确的线路到访。该项练习与正式定向比赛技术相似,在教练指导下进行训练,可提高定向运动完整技术的稳定性和增长比赛经验。

②周二、周四:体能训练。

a.耐力训练:

方法一,定时跑,即在固定的时间内分别用5分钟×3组,15分钟×1组的时间节奏练习;时间长,强度可以小一点,时间短,强度可以大一点。1分钟,85%~95%的强度有利于发展无氧耐力。85%以下强度可以发展有氧耐力。练习时应注意控制强度。

方法二,持续慢跑,即以相对较慢的速度跑较长距离的练习,心率达到150次/分,主要发展有氧耐力。

方法三,越野跑,即在公路、山坡、树林、草地等场地进行长跑练习。训练时可定时(如20分钟、30分钟),如进行定向运动专项耐力训练时可延长时间60~90分钟。越野跑应该选择车辆少、空气好的地段进行。

b.速度训练:采用加速跑、段落跑。选择一个段落的加速跑,重复次数6~8次,间隔时间以充分恢复为主。

c.力量训练:

方法一,长距离或长时间连续跳跃练习。例如:采用长距离多级跳、连续的蹲跳起、蛙跳等多种形式进行练习,距离一般为60~100 m,或20~30秒的连续跳跃,4~6组,主要发展腿部力量耐力或一般耐力。

方法二,器械练习,主要部位为腿部、腰、肩。技术动作为颈后深蹲、抓举、弓身、坐姿推举,采用极限用力法。每组10~20次,重复3组,每次间歇3~5分钟,这种方法是有效提高肌肉力量耐力和培养练习者意志和心理稳定性的有效方法。

③周三:定向测验赛。

a.点标的数量训练赛分为 6~8 个点标、12~16 个点标、21~30 个点标训练赛。

b.线路变换训练赛分为短距离、长距离、超长距离训练赛。

c.点标的难度训练赛分为两点之间有长有短、3~4 点之间有交叉、每点之间不明显训练赛;较难找点标的训练赛,该训练赛的点标如石头、小山、洼地、小河等,往往应设置在远离小路和公路的地方。

4. 运动负荷安排

(1)负荷强度:中等。

(2)负荷量:每次训练 1.5~2 小时,随着时间的推移,组次不断增加。

(3)训练节奏:周一、周五为中等运动量;周二、周四为大运动量;周三为小运动量。

5. 注意事项

(1)严格执行训练要求和训练计划。

(2)注意热身与放松练习。

(3)注意科学训练,训练前后进行对照,不断总结经验。

(4)加强饮食营养,要注意多吃自然食品,要多摄取蛋白质、糖原等营养物质。

(5)严格执行方法正确的练习,控制好负荷量。

(6)注意运动量节奏,防止过度疲劳。

(三)中高级定向训练计划

1. 训练目标

通过进一步加大体能训练,身体综合素质明显改善,尤其是下肢力量耐力的提高、心血管功能的增进,为定向运动完整技术表现打好基础,能够参加大型比赛并争取在比赛中初显身手。

2. 训练时间

中高级练习者训练时间在 1 年以上,也就是说要坚持多年训练。

3. 中高级定向训练计划示例

(1)情况分析:该练习者从事定向训练两年以上,已掌握了一般定向训练的手段和方法。在中小型比赛中初试身手表现不俗,但心理素质一般,比赛中技术的稳定性一般,需要加强体能训练。

(2)目的任务:

①提高定向运动技能,熟练定向运动技术各阶段的技术要领。

②加强体能技术训练,重视下肢肌肉力量耐力训练和有氧运动基础训练。

③提高比赛竞技能力。

(3)训练内容安排:每周训练 6~7 次,训练时间 2~3 小时。确定恢复性措施和营养的补充措施,注重训练的组合效果,提高竞技能力。

①周一、周三:体能训练。

a.有氧训练与速度训练相结合:速度训练,即上坡跑和下坡跑,加速跑 30~60 m,强度 85%~90%,2 组,重复 2~4 次,间歇 3~4 分钟。

b.反复跑:匀速跑 100 m、150 m,段落强度 85%,4~6 组,间歇时间以充分恢复为准。

c. 有氧训练,即重点发展有氧耐力、无氧耐力和腿部力量素质。根据定向运动的特点,改善身体下肢肌群的力量耐力应优先发展跑动能力训练。采用的手段有:定时跑、越野跑、法特莱克(快、慢交替的长跑练习)。这些练习的共同特点是不受场地的限制,如在草地、小丘、小径、公路、田野等地训练。其训练特点:训练强度为85%左右,匀速持续时间30～60分钟,对有氧耐力的发展起到积极作用。持续跑60～90分钟是专业定向运动员需要坚持达到的练习时间。

②周二、周四:专项技术训练。

a. 线路选择训练:强化训练定向运动专项越野跑技术、出发点的专项技术、途中的动作要领、检查点上的技术、终点的动作等基本动作的要求。

b. 检查点、说明表对照训练,即检查点与说明符号对照的训练。

c. 野外定向基本导航技术、指北针用途及快速定向导航方法的训练。

③周五、周六:定向测试赛。

a. 短距离比赛练习,野外进行;

b. 长距离比赛练习,野外进行;

c. 百米定向比赛练习,可在公园、森林、田园或学校等地进行。

训练性的比赛在安排上如同正式比赛要求一样,对于线路的设计呈多样化,如:两点之间长距离,三点之间呈交叉;多点之间长距离为圆形;线路设计合理,为练习者参加正式比赛、创造优异成绩提供良好的训练依据。

4. 运动负荷安排

(1)负荷强度大。

(2)负荷量:每次训练2～3小时。

(3)训练节奏:周一、三为大运动量;周二、四为中运动量;周五、六为大强度运动量。

5. 注意事项

(1)严格训练,严格要求,严格执行训练计划;

(2)注意热身与放松练习,加强饮食营养,加强医务监督;

(3)注意科学训练,前后对照,不断总结经验。

第二节　定向运动的心理素质培养

定向运动是一项全身性的运动,对参加者的身心健康有诸多好处。从心理学的角度来讲,人的注意力是受指向性刺激制约的。人们在进行定向运动时,地点通常设在野外、公园等,人们的注意力必须在地图和实际地形、地貌上转移,既要用心识图又要欣赏大自然的秀美风光,由于注意力的转移,能使其他部分的机体得到调整和休息。故定向运动有利于人们陶冶情操、消除烦恼,促进人们形成勇敢、机智、坚毅、心胸开阔等优秀品质。

定向运动是一项在野外进行的运动项目。野外的地形有易有难,尤其是在复杂、陌生的野外环境中,比如草地、森林、沙漠、戈壁、峭壁等,不仅要求人们具备勇敢、坚韧的品质和充沛的体能,要能够勇敢、机智地确定运动方向,选择运动线路,还需要有充沛的体力、顽强的毅力和聪明的头脑。更重要的是要求人们必须学会在大自然中迎接挑战，激发人体的最大潜能，运用各种自我生存能力来获得胜利。

一、定向运动中常见的心理问题

定向比赛是在无人指导、独立作战的情况下，运动员根据实地情况、线路和个人体力情况等因素，进行自我调整的赛事。对于不同的场地，赛前的计划不能一成不变。此时稳定的情绪是进入最佳心理状态的关键因素。相反，焦虑情绪则使运动员产生烦躁、紧张、犹豫不决等不良的心理状态，从而降低运动、思考能力。此外，定向运动还被视为受心理因素影响巨大的运动。因此，在日常训练中极有必要加入心理训练。

在"关于影响定向运动能力发挥的主要因素"的调查问卷研究中，我们发现主要因素来自11个方面。其中，比赛中注意力的集中度，对烦躁情绪的控制及比赛目标的设定与分析这三项和心理素质高相关的因素起着重要的作用。

由此，可以看出心理训练在定向训练中的重要性。根据调查，目前在定向运动比赛中运动员主要存在的心理问题有以下几方面：

（一）动机障碍

动机障碍是指最适宜动机水平以外的其他动机状态。过高的动机水平会引起机体兴奋度过高，使运动员在比赛过程中注意力分散、情绪不稳定；过低的动机水平，表现为不能充分发挥自身的主动性、积极性，导致技能潜力发挥不足，在比赛中不能发挥出自身应有的水平。在定向运动中，这种障碍主要表现为过高或者过低的比赛目标，在赛前不能确定自己的比赛目标，未做好比赛的心理准备，在出发后难以进入比赛状态，一旦在某个检查点犯了错误立即就手足无措。

（二）情绪焦虑

定向运动员最大的情绪障碍是紧张和焦虑情绪。一般来说，适度的紧张有助于激发学生和运动员的主动性和积极性。但是过分担心比赛失败，错误估计对手水平，对比赛中的失误过分自责等情况，往往会造成强烈的紧张甚至焦虑情绪，会严重影响到技术动作和心理潜能的发挥。在定向运动中，这种障碍主要表现为赛前紧张，不能放松自己的身心，在比赛过程中受周围选手干扰较大，对自身的判断力产生动摇等。

（三）注意力障碍

定向运动员在注意力方面的特点主要体现为注意力的方向不断发生变化，在局部的地图（读图）到周围的地物（重新定位）两个方面不断转换。但是在比赛压力下，注意力往往不能进行良好的转换，主要体现为比赛时看漏点、跑过头等失误，还容易被周围的观众、媒体记者及其他运动员干扰。

（四）攻击障碍

在进行定向运动比赛时，没有可以直接面对的攻击对象，参赛者都处于全力拼搏和进攻性冲动的状态下。由于参赛者的行为受竞赛规则约束，如果在比赛中预期目标没有达到，可能会采取过大的攻击性行为发泄自己的不满情绪。在定向运动中主要表现为过分埋怨地图的质量，认为赛事控制员的检查点设置有偏差和错误，采用危险系数很高的技术动作或者线路选择，甚至在赛后将这种攻击性的矛头指向自己、队友和教练。

二、心理素质的培养方法

（一）目标设定与比赛计划

在面对任何赛事之前，确立一个明确的赛事计划是不可缺少的。这个步骤应该从着手准备比赛一直持续到比赛开始。一个计划应该包括以下几个方面：对比赛艰苦程度的充分估计、对自己的心理暗示语言、对比赛成绩的定位、对自身熟练掌握的技术的了解程度及对比赛程序的演练。

不同的比赛类型对于运动员来说，困难程度是不同的。作为一名在野外参加竞赛活动的运动员，首先要做好良好的心理准备，可以将各种比赛时可能遇到的情况一一罗列在一张纸上，使自己对于比赛的艰难程度有充分的心理准备。

对于不同水平的运动员，参加赛事的目的是不同的，那么就需要在比赛准备期对自己进行明确的目标设定。设定了合理的目标能够帮助运动员增强持之以恒的信念，激发发其勇于尝试新策略的精神。这种设定不是盲目地给自己定高目标，也不是随随便便地定目标，而是要根据自己的运动动机来确定。当然，在设定比赛目标的时候就形成了心理暗示语句，这在定向比赛的过程中十分有用，所以运动员必须明确自身的优缺点。

1. 赛前的心理准备

(1)确定自己本场比赛的预定目标；

(2)安排赛前计划及战术；

(3)确定比赛关键技术；

(4)重复思考比赛关键技术。

2. 确定比赛预定目标

确定比赛预定目标有助于运动员建立一个可行的赛事目标及调动运动员的运动动机。在制定赛事目标的时候须注意以下几点：

(1)目标可能对自己有一定的难度，但是绝对是可行的，例如，必须根据自己在全部参赛运动员中所处的水平进行定位，而不是好高骛远、天马行空地胡乱计划。

(2)长线与短线问题，即以一连串的短期目标来达到长期目标。

(3)确定表现性目标，即明确自己在此类比赛中允许的失误时间及平均的奔跑速度。根据马顿斯(Martens)与伯顿(Burton)的研究，将目标分为结果性目标和表现性目标。结果性目标泛指于比赛中要获得什么名次，要击败哪些对手等。该结果不但取决于自身的努力，还由同赛场其他选手的表现决定。表现性目标主要指此次成绩与以往成绩的比较，该目标一般不受对手的影响，主要取决于运动员自己的发挥。

(4)将目标写下来，并放在眼前，甚至是写在自己的训练日记当中。

(5)写下实现目标的步骤和策略，使目标不只停留在口头上和脑子里，更要融入训练中，不断演练技巧和战术。

3. 容易出错的地方

(1)不能确定明确的目标。

(2)确定过多的目标。
(3)没有在需要时调整目标。
(4)没有按照目标计划训练。

(二)注意力的训练

在定向运动中,运动员的注意方向始终在不断转移。运动员在实地奔跑的过程中,注意力是很宽的,不但要注意地图上的符号,还要将周围的地物、地貌与图上的符号在脑海中对应;当运动员在以较缓慢的速度边跑边阅读地图的时候,注意力的宽度就变得很窄了,主要集中在地图上。同时,意识还存在着"顺流"和"逆流"的转换。当线路选择有一定难度的时候,运动员的注意力比较集中,容易产生"顺流"效益,这时,运动员往往不容易出现错误;当线路选择比较简单,或者接近终点的时候,运动员的思想往往会变得放松,此时"逆流"效益会出现,从而导致运动员犯下一系列的低级错误。

因此,运动员在训练中除了要反复进行注意力训练,还应该树立这样的观点:对于任何一次比赛,不要纯粹以击败对手为目标,而要将比赛看作对自己的一次新的挑战。

(三)意志品质的训练

人的优良意志品质并不是主观上想要就能自然产生的,主要靠在实践中培养。例如如果想学会游泳,就必须下到水里去。意志不是与生俱来的,而是在参与实践的斗争中磨炼出来的,所以为了培养良好的意志力,就要置身于需要并能够产生这种意志品质的实践之中,并加以锻炼。良好的意志品质在定向训练和比赛中起着巨大作用,克服困难,反败为胜靠的就是意志力。在训练中要有意识地巧妙地安排一些训练项目来培养运动员的意志品质,在实际训练中磨炼意志,应该注意以下几点:

(1)明确意志锻炼的目标,以激发锻炼的积极性。

(2)把握好任务的难度,由易到难,逐渐加大难度。太容易的活动,没有锻炼意志的意义;太困难的活动,会挫伤锻炼意志的积极性。

(3)尽量自主地解决困难。在活动中遇到困难时,可以接受帮助和指导,但是不要让别人代替自己克服困难。

(4)了解训练的结果,心理学的研究告诉我们,在练习活动中,是否知道练习过程中每一步的结果,最后的效果是不一样的,知道结果的效果好,所以在意志锻炼活动中应该了解每次锻炼活动的预期结果,这有助于增强锻炼者的自觉性和积极性。

(5)利用活动的群体效应。定向运动大多数是以群体方式进行的,在同样线路接续出发、相互竞赛。例如在野外训练过程中,能够保证自己能够坚持下去的一个极有效的方法就是找到一个一个检查点,在交错线路上时常会与同伴相遇或并进,寻找目标,在这个过程中,其实也锻炼了自己的意志力。

(四)其他训练方法

1.4点线路法

路线由起点、终点和4个检查点构成,从起点到1号点之间通常是一条道路。要求运动员集体出发,在出发之后,必须统一沿着该道路到达1号点。到达1号点之后,运动员可以任意进行线路选择。

训练目的：学会在受到周围干扰的情况下集中注意力，该训练对地图记忆也有很大的帮助，有助于找到自己在出发时的平衡感（读图与奔跑之间的平衡感）。

2. 百米定向法

百米定向法是指在较小的区域内，多人同时出发完成一条长度不超过500米的线路。场地内多设有干扰点，相似地物附近也有附加点。

训练目的：在高强度的竞争环境中对注意力进行锻炼。

要想在定向运动上具备较好的水平、取得优异的成绩，必须系统地进行训练。要掌握合理的技术和战术，逐步提高身体素质和机能，以充沛的体能顺利、快速地完成定向越野实践的全程，在各种复杂的条件下能够迅速、准确、协调地做出某些相应的动作。

第三节　运动损伤的防治

随着全民健身和休闲体育活动的广泛开展，人们在体育运动过程中受到机械性或物理性因素影响所造成的运动损伤也随之增多。运动损伤会降低运动者的竞争力，影响日常活动，且易转为慢性肌肉骨骼病损。正确了解定向运动易导致的运动损伤类型、识别运动损伤的常见表现并掌握一定的处理原则与方法，有助于降低或消除定向运动过程中损伤发生的风险及其导致的一系列不良后果。

一、运动损伤的类型

定向运动训练和竞赛基本上是在野外进行的，快速奔跑、跨越时常会遇到一些意外的受伤或突发的疾病，较常见的运动损伤有肌肉、肌腱、韧带、关节、骨骼及其他组织损伤。

一般户外尤其山地的地面不像市政路和田径场那么平坦，跑步时人体的足底承受着几倍于体重的负荷，由于力的传导，膝关节除了承受垂直方向的压力外还要受到旋转力的影响，常造成髌骨、髌腱、膝关节周围软组织及股四头肌、股二头肌的损伤，也可因关节软骨捻转摩擦增加而导致半月板及关节软骨损伤，长时间跑步多因过度紧张或疲劳而出现肌肉僵硬等现象。另外一些跨越动作使人在足着地时所受到的冲击力较大。身体某些部位由于突然减速，冲击力的传导和吸收负荷都明显增大。如足着地时股四头肌需强烈收缩，吸收冲击力以维持膝关节的稳定和角度，故膝关节受到的应力十分集中，极易出现膝关节的韧带及半月板损伤；髌骨对股骨髁的冲击加速了髌骨关节面的软骨磨损和软骨细胞变性；跳跃时的背伸动作过频还可引起腰部肌肉疼痛、腰椎损伤，甚至椎弓崩裂和腰椎间盘滑脱。地面不平或太滑、沙坑太硬或有石块、跳跃落地时姿势不正确等情况也易导致踝关节韧带损伤或骨折、足跟挫伤、膝关节的韧带与半月板损伤、前臂骨折及肩部挫伤。在树林中奔跑不小心也会有树枝刮伤颜面部、眼睛、下肢皮肤等。

（一）肌肉和肌腱损伤

肌肉损伤通常是指肌腹和包裹着肌腹的结缔组织中的胶原纤维被撕裂，有拉伤、挫伤和断裂等形式，常发生在骨骼肌肌腹或中间部位。损伤后的胶原纤维异常交联和肌筋膜的粘连,可使肌纤维变短,肌肉伸展能力下降。根据其损伤程度可分为三级:Ⅰ级,少数肌纤维被拉长和撕裂,周围筋膜可能完好,运动时可感觉到疼痛,功能和力量损失较小;Ⅱ级,较多数量肌纤维撕裂,筋膜可能出现撕裂,损伤处下陷或血肿,功能和力量损失明显;Ⅲ级,肌腹被完全撕裂,导致严重的功能和力量丧失。

肌腱损伤程度分级与肌肉相同。肌腱连接肌肉和骨骼,其作用是传递较大的拉力负荷并激活肌肉。肌肉-肌腱单元有助于骨关节的稳定,并通过高尔基腱器官承担感应接受作用。但肌腱附着在效应骨的起止点部位,由于受力大且血液循环欠丰富,易受损伤。

(二)韧带和关节损伤

韧带的主要成分是胶原纤维,韧带环绕在关节周围形成关节囊,其内分布大量的本体感觉装置,用于反馈关节活动状态,并防止关节过度运动。其主要功能是维持关节的稳定性。由于韧带缺乏弹性,一旦关节运动超过生理范围,就可能导致韧带被过度牵拉,易造成韧带损伤。损伤后如未及时处理而愈合在被拉长的位置,韧带内本体感觉装置对关节活动状态的反馈将发生延误,导致机体不能及时调整肌肉收缩以保持关节的正确位置,易发生关节的反复扭伤。韧带止点的末端结构是解剖上相对薄弱的部位,因此韧带断裂多数发生在止点部位。韧带末端断裂后,由于愈合重建较慢,较易造成关节不稳。儿童由于韧带强度高于骨骼,易出现撕脱性骨折;而成年人的骨骼强度优于韧带,故而更易出现韧带撕裂。

关节是指两块或多块骨的支点或连接处。身体和四肢的活动主要来源于关节位置骨与骨之间的相对移动。按照关节运动能力的程度可分为不动关节和可动关节。骨与骨连接处仅允许微量活动或不能活动的关节称为不动关节,如颅骨的骨缝、耻骨联合等。骨与骨之间的关节面允许中到大范围动作,关节腔内充满滑膜液的关节称为可动关节,也称滑膜关节,如髋关节、膝关节等。又根据关节形态可分为单轴关节、双轴关节和多轴关节。影响关节稳定性和灵活性的因素包括组成关节面的弧度之差、关节囊和韧带的强弱、关节周围肌群的强弱和伸展性等。稳定性大的关节活动度相对较小,灵活性不足;而灵活性大的关节稳定性不足。运动损伤常累及活动范围较大的滑膜关节。

关节面、关节腔和关节囊是滑膜关节的基本结构。其中关节面上覆盖一层很薄的软骨,多属于透明软骨,其形状与骨关节面一致,主要功能是减少运动时的摩擦、振荡和冲击。运动中的直接创伤、间接撞击和关节的扭转负荷常导致关节软骨的损伤。因为关节软骨表面无软骨膜和血液供应,自身不具备修复能力,所以关节软骨损伤是不可自愈的。损伤后会导致疼痛、关节灵活性下降,最终可发展成为骨性关节炎。骨关节损伤还包括半脱位、关节腔游离体、剥脱性软骨炎、髌骨软化症和骨性关节炎等。

定向运动常见的运动损伤是踝关节扭伤。踝关节是人体较重要的运动关节之一,也是构造复杂的关节之一,由胫骨下关节面、胫腓骨内外踝关节面与距骨滑车关节面等构成。关节的两侧有韧带加固。外侧韧带较分散、薄弱,肌肉也薄弱,且外踝低;内侧韧带较集中、厚、宽、坚韧,内踝高。所以踝关节具有较差的稳定性,易受伤。在踝关节损伤中,除了一般常见的擦伤及挫伤外,踝关节的扭伤最常见,而且以踝外侧韧带扭伤居多。

(三)皮肤损伤

运动过程中意外的碰撞常会造成皮肤擦伤;不合适的衣物鞋履可造成身体受压部位水疱或压疮,常发生在足部、尾骶部等骨突位置;运动后鞋袜内潮湿的空间容易造成真菌、病毒或细菌滋生,而导致甲癣、甲沟炎或其他皮肤细菌感染;长期户外运动过程中过度暴露于阳光下,如未进行有效防护措施,可导致紫外线灼伤皮肤,甚至诱发黑色素瘤。

(四)其他系统损伤

体育运动需要消耗大量体力和水分,如同时受到内在或外在各种不良因素影响,极有可能导致身体其他系统损伤,甚至引发严重后果,如心血管系统、呼吸系统、消化系统、脑血管系统等意外事件。在运动员中暑或大量水分、矿物质缺失时,还可能出现肌肉痉挛、面色苍白甚至意识丧失等热损伤表现,严重者可发生休克、心源性猝死等不良事件。

二、运动损伤的处理原则和注意事项

当练习者在运动训练或运动健身过程中遭受意外伤害时,需要懂得如何实施及时且规范的急救措施。合理地实施应急措施往往能够,防止伤势或病情的恶化,甚至挽救伤员的生命。因此掌握处理运动损伤的应急措施至关重要。

根据受伤后时间可将运动损伤分为急性期、亚急性期和慢性期。在这三个时间窗内的处理原则和方法有所不同。

(一)急性期运动损伤

1. 处理原则

急性期通常指伤后 24~72 h,主要病理变化为受损的细胞和软组织结构被破坏、肿胀和血管破裂出血,受损区域释放化学物质引起炎症反应,局部疼痛、发红、温度升高、水肿和炎性渗出。此期处理原则为制动、止血、减轻肿胀、镇痛、减轻炎性反应,防止二次损伤。

2. 处理方法

PRICE 是最常使用的急性期处理方法。

(1)保护(Protection):无论开放性或闭合性创伤,伤后应立即保护伤处,防止受到二次损伤。

(2)休息(Rest):伤者应立即停止活动,损伤部位如果继续活动,可加重出血、肿胀或移位风险。

(3)冰敷(Ice):伤后尽快给予冰袋敷于受伤部位,降低组织温度,减少血流、肿胀和肌肉痉挛,还可降低组织代谢率,从而降低组织对氧和营养物质的需求,极大降低局部组织因受压而坏死的概率。冰敷应间断进行,持续时间一般不超过 20 min,每隔 2~3 h 可再次冰敷。在伤后 2~3 d 内,每天可重复进行。冰敷过程中应观察皮肤颜色变化,避免冻伤。

(4)加压(Compression):压迫受伤部位以减少肿胀发生。可使用弹力绷带、护具或夹板进行,包扎方向应从损伤部位的远心端朝向近心端。同时应注意避免加压过度影响血液循环,造成肢体缺血。

(5)抬高(Elevation):将患肢抬高于心脏水平以上有助于消除肿胀。

另外,可适当采用抗炎药减轻组织炎性反应和疼痛。

3. 注意事项

急性期运动损伤应注意避免过早热敷、饮酒、按摩和继续运动,否则会导致血管扩张,加重患处出血和肿胀。

(二)亚急性期运动损伤

1. 处理原则

亚急性期通常指伤后72 h至几周,主要病理变化为肉芽组织开始生长,受伤部位的胶原纤维开始生成瘢痕组织,纤维排列紊乱不规则,且具有收缩作用。处理原则为改善伤处循环,促进瘀血和渗出吸收,加速组织修复。

2. 处理方法

(1)物理因子治疗:此期给予热疗、蜡疗和高频电疗可改善局部血液循环和软组织延展性。超声波、音频电疗等治疗可有效软化瘢痕,减少粘连。在急性损伤的最初3~5 d,一旦出血、炎症得到控制,可以交替进行冷敷和热敷。即在10 min冷敷后,再给予10 min热敷。

(2)运动治疗:72 h后可开始沿关节活动方向逐步进行轻柔的牵伸活动,可使伤处瘢痕组织胶原纤维在应力引导下有序排列而得到延展,从而减少肌腱短缩和关节挛缩的可能性。此外,根据伤者功能评估情况,逐步进行柔韧性训练、相邻关节的活动度训练和肌力训练,有效减少伤后制动导致的肌力损失和关节活动受限。在运动治疗过程中,如有疼痛肿胀,仍可采取PRICE进行处理。如患者伤情允许,可逐步恢复有氧运动训练。

(3)辅助支具:临床上常采用夹板、支具、弹力绷带及贴扎技术来预防和治疗运动损伤。对疑似骨折或急性韧带损伤可早期选用夹板进行固定,以防伤者在转移过程中出现二次损伤。夹板的材料可使用低温塑形板材,也可就地取材(选择纸板、弹性布料或衣物袜子等)。预防性支具是损伤未发生时的一种预防措施,可降低受伤风险或受伤程度。常用于膝踝关节的防护。功能性支具主要为受伤部位的愈合和功能恢复提供额外保护。贴扎技术在运动损伤中使用广泛、便捷有效,对急性损伤有稳定关节、减轻疼痛、促进回流的作用。

3. 注意事项

(1)物理因子治疗中冷疗和热疗均有可能造成低温冻伤或烫伤,应严格控制时间和观察皮肤颜色及感觉。

(2)佩戴辅助支具并不能取代运动损伤后的康复治疗,长时间佩戴辅具有可能造成局部肌力和本体感觉的下降,对于受损部位必须同时进行肌力、本体感觉、平衡协调能力的训练,以防止再次损伤。

(三)慢性期运动损伤

1. 处理原则

慢性期运动损伤指伤后长期存在的一系列慢性临床综合征,主要病理变化为组织内新陈代谢水平低下,出现退行性病变,血液循环差,局部肉芽组织增生或肌肉萎缩。处理原则主要为改善局部血液循环,促进组织新陈代谢,强化骨关节系统,增强肌力和减轻疼痛。

2. 处理方法

（1）运动治疗：避免可能引起疼痛的运动方式，选择其他替代性运动。如膝关节损伤后，可选择游泳、骑自行车等下肢关节负荷较轻的运动形式。训练应注意循序渐进，以少量多次的形式逐步增加运动量。有氧运动和力量训练相结合的训练方式可以有效提升心肺功能和必要的肌肉平衡。关节松动技术可有效改善伤后因粘连而致的关节活动受限。运动治疗中应注意减少损伤性因素，增加保护性因素，以避免复发。

（2）物理因子治疗：选择适当的物理因子治疗方法可改善局部循环，减少粘连，软化瘢痕，有助于改善症状。

（3）药物治疗：对长期存在的慢性疼痛，可予以口服抗炎药等，抑制损伤性炎症，减轻疼痛和粘连。但应由医生进行治疗指导，并注意药物的适应证、副作用及风险。

（4）传统医学治疗：可选择针灸、按摩推拿、太极拳或八段锦等传统医学治疗方法对疼痛、活动受限的关节进行治疗。

三、常见运动损伤的急救方式

（一）踝关节扭伤

临床上，一般将踝关节扭伤分为三级。一级为踝关节韧带轻度拉伤，没有撕裂，此时会感到踝关节轻度的疼痛、肿胀和压痛，一般没有瘀血和踝关节不稳的情况；二级为踝关节韧带部分撕裂，临床表现为中度的疼痛、肿胀及压痛，可能存在瘀血，轻中度关节不稳，踝关节在一定程度上丧失运动功能，出现负重和行走疼痛；三级的踝关节扭伤中踝关节韧带完全撕裂，踝关节临床表现为严重疼痛、肿胀、压痛和瘀血。出现踝关节不稳症状，踝关节运动功能丧失，踝关节功能障碍，不能负重和行走。踝关节扭伤的等级不同，其所需的康复时间亦不相同。一级扭伤一般需要1～3周的康复时间。二级扭伤需要3～6周时间，甚至是数月时间进行康复。三级扭伤一般需要数月的时间进行康复。

踝关节扭伤后需要进行紧急处理。一般采取 PRICE，请参照前面介绍的方法，这里不再详述。在进行应急处理之后需要进行相关的后续治疗。急性期的治疗可以采用一些理疗手段来控制肿胀和炎症，在医生指导下服用消炎镇痛类药物。急性踝关节扭伤一般需制动休息至少2周。如果肿痛渐好转且没有明显的加重症状，可以进行一些功能训练帮助改善关节活动度以及进一步控制肿胀。目前比较好的固定方法就是选择合适的支具和护具。急性期的建议选择限制作用较强的夹板类支具。步行靴保护通常比较到位，而且透气，方便行走活动和清洗，但是价格较贵，如果经济条件允许，建议选择这种方法。使用肌内效贴也能够起到较好的治疗效果。

除此之外，可进行踝关节运动训练，选用提踵训练、纵跳训练、横跳训练，也可以寻求中医的针灸、手法治疗，以促进踝关节的康复。

（二）肌肉痉挛

肌肉痉挛（俗称抽筋），是一种肌肉自发的强直性收缩。发生在小腿和脚趾的肌肉痉挛最常见，发作时疼痛难忍，可持续几秒到数十秒之久，处理不当会造成肌肉损伤。对肌肉痉挛的处理可采取以下方法：

小腿肌肉痉挛：取坐位，伸直抽筋的腿，用手紧握前脚掌，忍着剧痛，向外侧旋转抽筋的那条腿的踝关节。旋转时动作要连贯，一口气转到底，中间不能停顿。旋转时，如是左腿，则沿逆时针方向旋转；如是右腿，则按顺时针方向旋转。如有人帮助，因是面对面施治，施治者的方向正好相反，而踝关节的旋转方向不变。要领是将足向外侧一扳，紧跟着折向大腿方向并旋转一周，旋转时要用力，脚掌上翘要达到最大限度。

如果是游泳时抽筋，采用上述方法止痛在操作手法上有一定困难。因此，游泳时抽筋仍是采用手使劲往身体方向扳脚拇指的方法。扳脚拇指时，大腿要尽量向前伸直，同时脚跟向前蹬。

(三) 外出血

野外运动时，人体受各种意外伤害的机会增多，全身各部位受损伤出血的可能性增大。一般少量出血无须特殊处理，可自行止血，但较大量的出血常会危及伤员生命，故需及时采取人工方法止血。

常见的出血有外出血与内出血两种。外出血即可见血液自伤口向外流出。内出血即流出血管的血液停留在身体内部而未排至体外。

外出血的止血方法有以下几种：

(1)手指压迫止血法：直接压迫伤口出血处，但不能持久。压迫部位可在伤口近端的动脉上或直接压迫伤口出血处。一般颈部、锁骨上窝、腋窝、腘窝和腹股沟等大血管出血，可直接压迫出血处，以便暂时止血，赢得彻底止血的时间。

(2)加压包扎止血法：用敷料盖在伤口上，再用绷带缠紧，这是急救时最常用的临时止血法，适用于静脉及中等动脉出血。

(3)局部填塞止血法：将清洁纱布、明胶海绵或止血棉等止血剂填塞在伤口内，再用加压绷带固定。

(4)止血带止血法：这是对四肢大出血急救时较简单而有效的止血法。止血带有多种，临时可用绳子等物代替，而最佳的是空气止血带。止血带止血效果好，但有一个最大缺点是它完全阻断肢体的血循环，增大了肢体的感染率和坏死率，所以一般情况下不要轻易使用。

另外在使用时要注意：缚扎的部位应尽可能靠近伤口。在膝和肘关节以下缚止血带无止血作用。在上臂缚止血带时要注意避开桡神经，以免发生损伤。上止血带时要衬垫衣服、毛布等布料，不可直接接触皮肤。同时要注意衬垫物要放平整。缚止血带时松紧要合适，不可过紧，损伤组织神经；又不可过松，否则静脉血回流受阻，出血增多。在冬季上止血带后要注意肢体保温，但千万不要加温，以免发生意外。上止血带的时间一次最好不超过两小时，同时每小时应放松数秒后再上紧。当然有个别情况，如病人情况不允许再失血或大的血管损伤有可能大量失血，不可轻易松带。

(四) 休克

休克是机体遭受强烈的致病因素侵袭后，产生的有效循环血量锐减、组织血流灌注不足，细胞代谢紊乱和重要脏器缺氧、功能障碍的病理生理过程。

1. 临床表现

（1）休克代偿期：伤者表现出轻度兴奋征象，如烦躁焦虑，精神紧张，面色苍白，四肢厥冷，心率加快，呼吸频率增大，以及血压可骤降，也可略降，甚至正常或稍高，脉压差小，尿量减少。

（2）休克失代偿期：伤者神志淡漠或意识不清，呼吸表浅或困难，出冷汗，心音低钝，脉搏细速，血压进行性下降，口唇肢端发绀。严重时全身皮肤黏膜明显发绀，四肢厥冷，脉搏摸不清，血压测不到，尿少或无尿。如皮肤湿冷出现瘀斑或消化道出血，这是提示已发展至弥散性血管内凝血阶段。如出现进行性呼吸困难、吸氧不能改善、脉速、烦躁或发绀，应考虑并发急性呼吸窘迫综合征。

2. 急救方式

（1）伤者取平卧位，必要时将头和躯干抬高20°～30°，下肢抬高15°～20°，以利于呼吸和下肢静脉回流，同时保证脑灌注压力。

（2）保持呼吸道通畅，并可用鼻导管法或面罩法吸氧，必要时建立人工气道，呼吸机辅助通气。

（3）尽量维持正常体温，低体温时注意保温，高体温时尽量降温。

（4）及早建立静脉通路，利用药物维持血压，补充血容量，纠正酸碱平衡。

（5）有骨折或出血者，同步处理骨折并止血。

（6）剧烈疼痛者予以药物止痛，但应注意避免呼吸循环抑制。

（7）尽快送医。

（五）骨折

骨折的处置包括现场的急救和处理。急救一般都在条件相对较差的地方进行。现场急救的目的在于抢救生命，减轻痛苦，防止组织再损伤和再污染，创造良好的运送条件。急救中，特别在一些重大事故的抢救现场，一定要做到全面、仔细、迅速、准确，根据伤势轻重给予先后处理。特别注意应边抢救边向就近医疗单位或公安机关求助。

对有出血的伤员进行包扎；对休克的病员，除进行抗休克治疗外，应及时查明引起或加重休克的原因，如疼痛和出血等。对有疼痛较剧烈、无意识和呼吸障碍症状的伤员可先用止痛药止痛。对有可能有脊柱骨折的伤员，须注意搬运方法和搬运工具，尽可能保持脊柱于功能位或中立位，避免扭曲或旋转造成加重或伤害脊髓。四肢骨发生骨折时，临时急救固定十分重要，可用木板、木棍、纸板、树枝等作为夹板应用。无物可用时，可用布条、三角巾等悬吊上肢并固定于胸前。经以上处理后，应及时联系救援或送医院复位治疗。

（六）心搏骤停

（1）各种严重创伤、窒息、休克、电击、溺水、严重疾病等突发意外事故均可导致伤者心搏骤停，即心脏无搏动，并停止呼吸。临床表现为意识突然丧失，昏倒于现场，呼之不应。呼吸停止或仅有不正常的喘息。面色青紫或苍白，可伴抽搐，大动脉（颈动脉或股动脉）搏动消失，瞳孔散大，对光反射消失。心跳停止，血压测不到。

（2）急救方式。心搏骤停需立即就地进行心肺复苏术。CPR是指针对心搏骤停采取的紧急医疗措施，以人工呼吸代替伤者自主呼吸，以心脏按压形成暂时的人工循环。高质量的 CPR 可恢复心、脑等重要脏器的灌注,是心脏恢复搏动的前提。胸外心脏按压是 CPR 的首要措施,在心脏恢复搏动前,全身的组织灌注主要依赖心脏按压。现场复苏时的顺序为胸外按压—开放气道—人工呼吸。

①胸外心脏按压:伤者平卧于硬板或地面,术者立于或跪于一侧。将一手掌根部置于伤者胸骨中下 1/3 交界处或两乳头连线中点的胸骨上,另一手掌根部覆于前者之上,手指向上方翘起,双臂伸直,节律性垂直向胸骨按压。每次按压后应使胸廓充分回弹。按压频率为 100～120 次/分,成人按压深度 5～6 cm,儿童按压深度至少为胸廓前后径的 1/3。按压过程应避免或减少按压中断,以提高心肺复苏的成功率。

②开放气道:保持呼吸道通畅是进行人工呼吸的先决条件。昏迷病人最常见的呼吸道梗阻原因是舌后坠和呼吸道内有分泌物、呕吐物或其他异物。舌后坠者可采用头后仰法,对合并颈椎或脊髓损伤者,可采用托下颌法。有条件时采用放置口咽、鼻咽通气道或气管内插管等方法。

③人工呼吸:每胸外心脏按压 30 次需做人工呼吸 2 次,连续做 5 个周期后重新评估病员的呼吸和循环体征。正确开放气道后,立即以一手托住伤者颈部后方使其头部后仰,一手捏住患者鼻子进行口对口人工呼吸。每次深吸一口气并对准伤者口部用力吹入即移开,伤者可借助胸廓弹性收缩被动完成呼气。每次送气时间应大于 1 s,并看到胸廓扩张。也可采用面罩加压给氧气或用简易人工呼吸器进行人工呼吸,直至伤者出现自主呼吸。应注意人工呼吸期间,胸外心脏按压不可中断,直至救护人员到场。

(七)高原反应

高原反应是在海拔高、空气稀薄、气压低、空气中氧气较少的情况下,人体出现的不适感觉和症状。如当进入高原地区(海拔为 2 000 m 以上)时可能会感到气短、呼吸加快。随着高度的增大,可能出现头昏、胸闷、恶心、呕吐、四肢无力等症状。多数情况下,人的适应能力是很强的,出现高原反应症状后不需要任何治疗,两到三天便可自然恢复。

克服高原反应的方法有:

(1)多食巧克力、糖等高热能食物,以利于克服缺氧造成的不良影响。

(2)如果出现头昏、恶心等轻微症状,可适当饮用些酸性饮料。

(3)不可喝酒,以避免增加氧的消耗量。

(4)注意防冻保暖,避免上呼吸道感染。

(八)中暑

在炎热的夏天,如果长时间在高温下活动,容易出现头昏眼花、耳鸣、四肢无力、皮肤干热,甚至昏倒、抽筋等情况,严重者还会导致死亡。这就是中暑,是由于体内的热能不能及时散发造成的。

如果在高温下活动一段时间后出现头痛、头昏、耳鸣、眼花、恶心、无力、口渴、大量出汗,这就是中暑的先兆,应及时离开高温环境,到通风、阴凉的地方休息。服用解暑的药物,多饮水(最好是生理盐水),经过短暂的休息,一般症状便可消失。如果症状严重,出现肌肉痉挛、昏迷,则应立即让病人平卧解开衣服、腰带,用冷毛巾或冰水冷敷、擦身以降温,并服用解暑药和水等,或送去医院。

为了防止中暑,在夏天安排野外活动时,应尽量避免长时间处于闷热的环境和强烈的阳光下。服装应为色浅、质薄、宽松、吸汗,头上应戴太阳帽或其他遮阳用具;带足水或饮料,以保证及时补充水分;随身携带防暑药品。

(九)蚊虫叮咬

在野外常会遭遇到蚊虫的袭击,如蚊子、跳蚤、臭虫的叮咬;野蜂、毛毛虫的蜇伤,以及蜈蚣、蚂蟥的咬伤等。这些蚊虫,除个别外,一般不会有太大的毒素,不会对人造成危险,一般情况下,涂上风油精、万金油或肥皂等,便能起到消炎、止痒的作用。

如果被野蜂蜇伤,首先应检查蜂尾部的毒腺及螫针是否还在伤口上,如在,应用小镊子或小钳子连根拔除,不要用手掐。然后用醋酸涂擦伤口,以消肿止痛。还可以用野菊花叶、夏枯草捣烂敷伤口。

如果被蚂蟥叮咬了千万不要硬往外拉,以免拉断,因为蚂蟥的前端有一吸盘,会吸附在人的皮肤上,钻入皮肉内,吮吸血液。若把吸盘留在伤口内,会引起伤口发炎、溃烂。只要用拳头在旁边猛击两下,蚂蟥受到惊吓就会自动掉下来。也可以用风油精喷洒或将食盐撒在蚂蟥身上。

如果受到毛毛虫的侵害,如毛毛虫身上的毒毛触到人的皮肤,皮肤会感到辣、痒、痛,并出现红肿,这时不要乱挠或乱摸。首先要细心地把毛毛虫从身上清除,再用胶布粘在皮肤上,除去毒毛。在野外,还可以采些马齿苋、蒲公英、野菊花等清热解毒的草药揉烂后涂擦或外敷。如果全身出现皮疹,可服用抗过敏药。

第六章 定向运动竞赛组织与实施

第一节 定向运动竞赛组织

一、定向运动赛事计划的制订

赛事计划是指为了保证赛事的顺利完成，预先规划和拟定的关于本次比赛的筹备、组织与实施的内容、方法及步骤的方案。定向运动赛事计划的主要内容包括确定比赛的指导思想和主题、拟定比赛组织机构、制订赛事工作计划及进度等。

（一）确定比赛的指导思想和主题

制订赛事计划首先要明确举办赛事的指导思想，设定比赛的目的与目标，这也是制订赛事计划和方案的主要指导性依据。如出于提高定向技能水平或促进全民参与两种不同的比赛目的，那么其赛事计划在比赛规模、竞赛类别、项目组别等方面的设定均有所不同。在此基础上，设计比赛主题，最终确定比赛名称。

（二）拟定比赛组织机构

赛事计划阶段应预先拟定赛事组织机构的名称，明确各部门的分工及职责。组织机构设置的类型和大小应依据赛事的性质和规模，一定要符合赛事本身的特点。小型定向赛事由于规模小、参赛人数少组织结构可根据赛事具体情况作相应的调整，可采用群众性小型组织结构，组织部门可包括竞赛、后勤保障、宣传。大型定向赛事可由主办单位和承办单位共同组建赛事组织委员会。

（三）制订赛事工作计划及进度

制订整个赛事运作的具体工作任务及实施、完成计划的进度，是赛事总体计划的主体，也是组织和实施赛事的主要依据。赛事工作计划主要包括：①竞赛的组织与实施，比赛场地的选择、比赛线路设计、比赛规程制订、报名、赛事裁判等；②后勤保障，运动员的食宿、交通、设施、场地管理等；③赛事风险保障，医疗卫生、通信、迷失事件应对方案、保险等；④宣传，媒体宣传、开幕式、广告、赞助等；⑤志愿者招募与培训。

每个工作计划要设置一系列的任务和目标，明确实施任务的主体，规定实施、完成具体工作计划的时间。

二、定向运动赛事的组织

(一)竞赛组织工作的基本程序

(1)制订比赛工作计划,成立比赛筹备机构。

(2)制定比赛规程。

(3)根据确定的比赛项目,选择比赛场地,设计比赛线路。

(4)根据比赛级别和水平准备相应的基本设备。

(5)根据比赛规程和规则印制检查点打印卡、检登点说明卡、比赛记录表、比赛成绩统计表等。

(6)接受报名、审查运动员资格、组织抽签、编排比赛程序。

(7)编排印制秩序册。

(8)准备好裁判用的各种表格及其他用品,组织裁判员学习,确保裁判工作的公正、准确、快速。

(9)召开组委会全体会议,报告赛会筹备情况、参赛队数及人数,议定赛会的重大问题。

(10)召开领队、教练员会议,发放秩序册和赛事指南。

(11)准备比赛的组织接待、后勤及安全保障、通信工具,布置赛场和会场。

(二)组织机构及职能分工

根据定向运动比赛的性质、规模等实际情况成立定向运动比赛的组织委员会(简称组委会)。组委会一般由主办单位、承办单位及有关方面的负责人及各队领队组成,下设秘书组、裁判组、技术组、后勤组等机构。

1. 秘书组(记录公告组)

设秘书长1人,秘书员2~6人。主要工作有:

(1)准备会标、设计成绩公布栏、收集广播宣传资料、制作成绩记录表

(2)用广播、图片、广告等进行宣传,宣传内容包括本次比赛的组织情况和参赛选手的情况。

(3)公布经过裁判长、检查卡验证人、成绩验证人审核的运动员或代表队的成绩。

(4)组织比赛开幕式、发奖仪式、闭幕式以及其他接待宣传工作。竞赛规模较大时,可在秘书组下设专门的接待组和宣传组。

2. 裁判组

裁判组设总裁判1人,副总裁判1人,裁判员人数可视比赛规模增减。主要负责:

(1)检查地形、地图、线路的质量以及监督保密的情况。

(2)设计比赛的检查卡片、成绩统计表、成绩公布栏,并准备号码布、点标、起终点设备。

(3)进行比赛编排和抽签工作。

(4)临场执行裁判,判定并公布成绩与名次,判罚处理竞赛中的违规行为。

裁判组下设起点裁判组、场地裁判组、终点裁判组、成统裁判组、竞赛秘书组。必要时

可加设巡视监督裁判组(巡视监督竞赛中运动员、教练员等人员的违规行为)。

3. 技术组

技术组设组长1人,技术员2～8人,主要负责选择比赛场地、设计比赛线路、准备地图、印制检查点说明表等。

4. 后勤组

后勤组设组长1人,组员3～6人,负责管理大会的经费、生活物资、比赛设备器材、食宿、交通、保卫、医务等工作。比赛规模较大时,可在后勤组下设专门的会计组、生活管理组、场地器材组、安全保卫组、交通运输组、医务组等。

(三)比赛规程的制定

比赛规程是由比赛组委会根据比赛计划制定的具体实施某一项赛事的政策与规定。比赛规程主要包括：

(1)赛事主办单位、协办单位、承办单位等。

(2)比赛日期和地点。

(3)参加单位。

(4)竞赛项目和组别。

(5)参赛办法。

(6)比赛办法。

(7)录取名次、计分办法与奖励。

(8)报名截止日期与报到办法。

(9)未尽事宜解决途径。

(10)规程解释权的归属者。

(四)比赛场地

1. 场地的选择

场地的选择与确定应满足以下要求：

(1)比赛区域的地形应适合定向运动的特殊需要。通常情况下,选择合格的定向运动比赛场地应考虑周围环境特点：一方面,比赛地域要有一定起伏的森林地势和适度的植被;另一方面,应考虑选择地形变化多样,通视性有限,且人烟相对稀少的地域。比赛区域适合设计竞技性定向比赛线路,在选择起点区、赛场和终点区以及设计线路时应考虑安全性、观赏性等因素。

(2)场地的选择要与比赛的等级及其难度相适应,并保证能使运动员充分发挥定向越野的技术水平。

(3)场地的选择应确保比赛的公平性。一般而言,定向运动比赛区域必须是所有选手都不熟悉或不太熟悉的,至少应防止赛区当地的选手在比赛中获得明显的优势。同一区域举办大型比赛,必须间隔2年,并且在报道时,公布以前的比赛地图。比赛区域的选择与确定在赛前必须严格保密。

(4)定向运动场地选择应遵循安全第一的原则。明确比赛区域的大小及其边界,应综合考虑悬崖和峭壁、坑穴和沟壑、周边高速公路等地貌特征的风险性以及地表奔跑的安全性。

2. 场地禁区

比赛区域确定后,应尽快在补充通知中宣告该区域成为禁区。代表队或与代表队相关的人员不得以任何理由进入禁区。如有特殊情况需进入禁区,应向比赛组委会提出申请,得到许可后方可进入。

(五)器材的准备

在实际组织定向运动比赛时,应该根据比赛规模、级别,并结合参赛者和组织者的具体情况,因地制宜,合理准备比赛所需的器材和设备。定向运动比赛的器材设备主要包括:

(1)运动员所用比赛用品,主要有指北针(组织者提供或自备)、地图(组织者提供)、笔以及与比赛配套的检查点说明表、出发批次表、指卡(组织者提供)和号码布。

(2)起、终点所用比赛用品,主要有起、终点横幅、计时器、发令器、地图箱、电子打卡设备、点标旗、区域间隔绳、公告栏、扩音器、通信设备、哨子、手旗、桌椅、各种比赛表、纸笔、饮水机、急救药品等。

(3)比赛线路上所需用品,主要有点标、打卡器、供水站及特殊地段护栏绳等。

(六)比赛线路的设计

线路设计是组织定向比赛的重要环节之一。线路设计得好坏直接影响到比赛目的的实现和任务的完成。

线路设计的原则与要求:

(1)线路设计应能客观检验运动员的定向运动技能和身体运动能力,使定向因素和奔跑因素有机结合。

(2)比赛线路的难易程度要与运动员的水平相适应,不同组别应区别对待。

(3)线路设计既要规避危险区域的途经线路,预防伤害事故的发生,又要注意环境保护,减少对自然环境的破坏。

(4)比赛线路要具有多选择性和可判断性,使大多数运动员能够根据自己的能力对前进的方向和路径进行较正确的选择和判断。

(5)比赛线路设计要体现观赏性和趣味性,让观众能够看到比赛过程。

(6)线路设计要与具体比赛项目匹配,特点突出。

比赛路线的距离是一个相对准确的数字,因为它是按从起点经各检查点至终点的图上最短水平距离计算的。比赛线路的距离一般要根据运动员的水平和比赛时间确定。按比赛线路长度划分为长距离赛、中距离赛、短距离赛、其他距离赛(含百米定向赛)等。在小型比赛中,线路长度的设计可参考表 6-1-1 的完成时间。

表 6-1-1　　　　　　性别-年龄组与有效时间对照表(分钟)

组别	短距离赛	中距离赛	长距离赛	百米定向赛	积分定向赛	接力赛	团队赛
M21E	50	80	140	8	10～70	240	70
M18E	50	70	130	8	10～60	220	70
M55A	50	60	90	8	10～45	150	60
M35A	50	70	120	8	10～60	210	70

(续表)

组别	短距离赛	中距离赛	长距离赛	百米定向赛	积分定向赛	接力赛	团队赛
M21A	50	70	130	8	10~65	240	70
M18A	50	70	120	8	10~60	220	70
M16A	50	70	100	8	10~50	200	70
M14A	50	60	90	8	10~45	180	70
M12A	50	60	—	8	10~30	150	60
M10A	50	60	—	8	—	—	—
W21E	50	80	120	8	10~60	220	70
W18E	50	70	110	8	10~55	220	70
W50A	50	60	80	8	10~40	150	60
W30A	50	70	100	8	10~50	200	70
W21A	50	70	110	8	10~55	220	70
W18A	50	70	100	8	10~50	200	70
W16A	50	70	90	8	10~45	200	70
W14A	50	60	80	8	10~40	180	60
W12A	50	60	—	8	10~30	150	50
W10A	50	60	—	8	—	—	—

注：接力赛在短距离赛场地举行时，有效时间为140分钟；组别中，M为男性，W为女性，E为精英组，A为大众组；数字为年龄

定向运动是一项户外运动，涉及的环境因素主要包括地表植被、野生生物、自然和人文遗迹或景观等。线路设计者应从环保的角度设计线路，重点考虑合理调控参赛者在场地中的分布密度，减少比赛对环境的影响。《环保指南》可以为定向活动的组织者、赛事管理人员、代表队管理人员、运动员和定向赛事可能涉及的相关人员提供指导，确保定向赛事置于保护环境的要求之下，使赛事对比赛场地的影响最小化；让公众了解定向运动为避免影响环境所做的努力，维护定向运动是一项绿色体育运动的良好形象。

三、定向运动赛事的项目规格

（一）短距离赛

1. 项目概要

短距离赛的特征是高速。它可以检验运动员在复杂环境中认知地图的能力和在高速奔跑中选择线路、完成线路的能力。短距离线路设计应在整个比赛中体现速度要素。线路规划中可以要求爬高，但要避免迫使运动员不得不走的陡坡。运动员面临的挑战应是选择并完成最佳线路到达检查点，而不是找到检查点。例如，最明显的离开检查点路径不一定是最好的选择。应要求运动员在整个比赛中保持注意力集中。不能提供这种挑战的环境不适合短距离赛。

2. 线路设计要点

线路设计应考虑短距离赛允许观众沿途观看的特点,所有检查点应有人看护,也有必要在关键通道安排检查员或安全员提醒想靠近运动员的观众,确保运动员不受干扰。起点应位于赛场,观众区可沿线路安排。修建一些临时看台和安排现场宣告员可提高比赛的观赏价值。在赛区,应将观众和媒体/摄影师明确分开。线路设计时应避免诱导运动员走捷径穿过私家区域或其他禁区。如有这类风险,应在现场安排检查员。应避免地形过于复杂,无法确定运动员在高速奔跑中能否认知地图的地域。

3. 出发

间隔出发,间隔为1分钟。运动员只有离开出发线后才能使用地图。

4. 胜出时间

12～15分钟,最好是12～13分钟。

(二)中距离赛

1. 项目概要

中距离赛的特征是技术。中距离赛在城区外(大部分被森林覆盖)举行,强调由精确导航和找出检查点构成的挑战。它要求运动员持续集中于读图,离开检查点时会伴有许多方向变化。线路选择是基本要素,但不应以降低技术要求为代价,行进线路本身应包括导航要求。线路规划中应有速度变换要求,如有穿越不同类型植被的赛段。

2. 线路设计要点

线路规划中应让观众看到比赛中的运动员,就像在终点一样。起点应位于比赛中心。最好能让运动员在比赛中通过比赛中心。因此,赛场选择的要求高,既要提供适当地形,又要为观众观看比赛提供良好的可能性。除分批通过比赛中心外,不允许观众沿途观看。

3. 间隔出发

间隔为2分钟或1分钟。运动员只有离开出发线后才能使用地图。

4. 胜出时间

(1)M21E 和 W21E 为 30～35 分钟;

(2)M12A、W12A、M55 和 W50 为 20～25 分钟;

(3)其他组别均为 25～30 分钟;

(4)如比赛在酷热、严寒或湿热条件下进行,M21E 和 W21E 的胜出时间为 25～30 分钟。

(三)长距离赛

1. 项目概要

长距离赛的特征是耐力。长距离赛在城区外(大部分被森林覆盖)举行,目的是检验运动员做出高效线路选择、认知地图和根据长时间运动中耐力和体能要求安排比赛的能力。长距离赛强调线路选择和概略导航,要求地形最好是丘陵。

检查点是一个有线路选择要求的长赛段的终点,寻找检查点的难度本身并不重要。长距离赛的某些部分可以包括中距离赛的典型要素——突然改变线路的选择模式,加入一段带有更高技术要求的线路。

2. 线路设计要点

线路应让观众看到比赛中的运动员,就像在终点一样,最好是起点位于比赛中心,线路能让运动员在比赛中经过比赛中心。长赛段是长距离赛特有的要素。长赛段的长度取决于地形,可以从1.5km到3.5km。线路应包含两个或更多的这种要素(沿选定线路行进时仍需要集中于读图)。长距离赛的另一个要素是运用线路设置技术分散聚集在一起的运动员。特别是在采用2分钟的出发间隔时,应使用蝶形或其他分散方法。用地形作为分散手段也是必要的,如设计一条通过通视度受限区域的线路。除分批通过赛场(包括位于赛场的检查点)外,不允许观众沿途观看。

3. 间隔出发

间隔为1～3分钟。运动员只有在离开出发线后才能使用地图。

4. 胜出时间

(1) M21E为60～70分钟,W21E为50～60分钟;
(2) M18E为55～65分钟,W18E为45～55分钟;
(3) M55A为35～45分钟,W50A为30～40分钟;
(4) M35A为50～60分钟,W30A为40～50分钟;
(5) M21A为55～65分钟,W21A为45～55分钟;
(6) M18A为50～60分钟,W18A为40～50分钟;
(7) M16A为40～50分钟,W16A为35～45分钟;
(8) M14A为35～45分钟,W14A为30～40分钟。

(四)百米定向赛

1. 项目概要

百米定向赛的特征是节奏,它在开阔、易跑性和通视度非常好,伴有音乐的天然或人工布置的微型场地中举行,观众可以观看整个比赛过程。百米定向赛检验运动员在复杂环境的高压下保持集中,在不断改变速度和方向中调控节奏、选择线路和完成线路的能力。检查点很简单,寻找检查点的挑战来自检查点周围许多相似的其他线路的检查点,甚至在同一检查点特征的不同位置都可能设置检查点。

2. 线路设计要点

考虑观众可以观看整个比赛过程的特点,应让观众能够看懂比赛,并在比赛场地和观众之间设置必要的隔离带,以确保运动员在比赛中不会受到干扰。另外,也应将观众和媒体代表及摄影师明确地分开。如有可能,应搭建临时看台以提高比赛的观赏价值。为采用分组集体出发的淘汰赛设计线路和赛场时,在线路的开始部分应通过线路设计技术和赛场设置技术尽早将运动员分散,避免跟跑和可能影响运动员节奏的抢打。但是,这种技术可能影响观赏性,在线路设计中不能过多应用。线路的中间部分最好利用天然或人工障碍,通过线路选择分散运动员,但应控制线路选择的范围,最好采用中小范围的线路选择。线路结束部分不能过多地安排带有线路选择的赛段,通过赛段长度和方向的变化以及完成赛段过程中的方向变化创造一种短兵相接的激烈气氛。最后一段必经线路应是一条长度超过30米,能让运动员齐头并进的直道。在终点线后也应安排一条足够长的直道作为减速缓冲区。另外,线路设计时应特别注意流向控制和引导,尽量避免出现因避让而影响运动员节奏的情况。

3. 出发

间隔出发或分组集体出发。采用间隔出发时,间隔为30秒～1分钟。精英组应采用分组集体出发,通过2～3个轮次的淘汰赛决定运动员的最终名次。分组集体出发的时间间隔由总裁判长根据临场情况控制。

4. 胜出时间

胜出时间最好是2～3分钟。集体出发的比赛根据运动员冲过终点线的顺序确定名次。

(五)积分赛

1. 项目概要

积分赛的特征是在限定时间内运动员自行规划线路,以便充分利用限定时间寻找尽可能多的检查点获得最大的积分值。运动员不必把全部检查点都找到,超过限定时间依据规定要被扣除一定分值或取消成绩。积分赛中检查点依据难易程度和从起点到终点主要赛段距离的远近,赋予不同的分值。赋值原则为难度越大分值越大,离起终点主要赛段越远分值越大。积分赛属于个人赛,主要考查运动员依据自己的定向技术和体能,自我规划时间和最佳线路的能力。积分赛能在各种场地进行,能与短距离赛、中距离赛、长距离赛同场比赛。

2. 线路设计要点

检查点应该均匀分布在场地的各个区域,如果与其他个人项目同场进行,起终点可以与其他项目共享。当积分赛设计有到终点的必经线路时,运动员必须经过必经线路到达终点。线路应该让观众在起终点处看到比赛中的运动员,最好是将起点和终点放在同一个区域内,在这个区域内可以看到运动员出发时由于多种线路设计和线路选择向四面八方奔跑和运动员从四面八方向终点冲刺聚集的极具视觉冲击的壮观场面。当然为了终点工作需要可以将聚集点提前,设一个必经点和到终点的规定路线。当地图上显示规定线路符号与一个检查点符号连接上时这个检查点为必经点,所有运动员都必须打此点,漏打成绩无效;这样设计路线可以让观众看到运动员在最后必经点会合冲刺的过程。场地内不应该有非常难的检查点,设计线路时应通过散点布局的安排将整个场地分成若干个有不同技能、体能和心理要求的区域,并赋予不同的分值,但同一区域内散点应该保持一定的难度差异。

3. 出发

集体出发。与其他项目不同,积分赛中运动员先取地图,地图背面朝上,不允许提前看图,离开出发线后再看地图。为了控制人流也可以采取间隔按组别出发,间隔时间为1分钟。

4. 简单规则

(1)积分赛在限定时间内取得分数最多者为胜。

(2)超时者按照组织者规定每个单位时间扣多少分,不足单位时间,按单位时间计算。

(3)各组运动员的纸卡皆有打卡数量上限(即该组可打检查点数),超过部分不计分;正确打点者得分,如果打错检查点(不是自己的检查点)倒扣违规分,一个为10分。

（4）地图上显示终点有规定线路必须走规定线路，否则成绩无效；如果有必经点必须打必经点，否则成绩无效。

（5）积分赛其他规则同个人赛。如果出发方式为集体出发，应注意避免出发犯规。

（6）运动员得分为所得总分数减去超时罚分再减去违规罚分。

（7）运动员成绩排名依据得分多少由高到低排列。分数相同者，用时少的运动员胜；分数相同、用时相同，找检查点少者为胜；如果分数、用时和点数都相同，那么并列排名。

（六）接力赛

1. 项目概要

接力赛的特征是团队竞争。接力赛在城区外（大部分被森林覆盖）举行。接力赛建立在技术要求的概念之上，相较于中、长距离赛，与中距离赛较相似。一些长距离赛的典型要素，如有线路选择的长赛段应出现在接力赛中，让运动员在不发生互相联系的情况下通过。好的接力赛地形有这样的特点：使运动员失去相互间的视觉联系（如有浓密的植被、众多的丘陵或洼地等）。

2. 线路设计要点

接力赛是观众喜爱的项目，它提供了团队间短兵相接的激烈竞争，首先到达终点的团队为获胜者。赛场的设计和线路设置必须考虑这一点（如使用分支线路时，线路间的时间差别应较小）。每一棒运动员都要通过赛场，如有可能，从赛场应能看到正在接近最后一个检查点的运动员。应提供适当数量的媒体报道时间（不但可将电视台报道检查点的情况直播在赛场的大屏幕上，还可在途中安排解说员）。集体出发要求用线路设计将运动员互相分散（例如分支）。应该仔细将比较好的运动队分配到不同的分支组合中。基于公平要求，所有运动员的赛段的最后部分应该相同。除分批通过赛场（包括位于赛场的检查点）外，不允许观众沿途观看。

3. 出发

第一棒集体出发，后续各棒按规定的顺序，与上一棒完成地图交接后，或与上一棒击掌交接并取得本棒地图后出发。

4. 胜出时间

接力赛中有两个时间概念：总时间和各棒时间，胜出时间是指总时间。在总时间框架内，各棒时间可不同，但应限制在规定的区间内。接力赛在短距离赛场地上举行时各棒时间为15～20分钟，胜出时间为50～60分钟。

（七）团队赛

1. 项目概要

团队赛的特征是团队协作。团队赛检查点分为两类：要求所有团队成员都应按规定顺序亲自到访的必经点和只要求团队中有一名成员按任意顺序到访的自由点。比赛中，团队各成员分工协作，以最后一名到达终点成员的成绩为整个团队的成绩。对团队赛来说，它检验团队成员分工协作的能力，既要求团队中有一名有战略意识、理解定向运动技战术要求、充分了解团队成员的能力、能让所有成员在比赛中扬长避短充分发挥的领导者，又要求团队成员间相互理解、相互信任、相互补充，形成一种高效的群体环境。对个各成员来说,团队赛具有积分定向的典型要素,主要挑战是如何为应到访的检查点找出一个最佳的到访顺序,寻找检查点的难度并不重要。团队赛的场地适应性非常广泛,适合短距离赛、中距离赛、长距离赛和接力赛的场地均可以作为团队赛的场地。随着场地类型的不同,团队赛可包括不同比赛类型的一些特有要素。

2. 线路设计要点

应该让观众看到比赛中的参赛者,最好是起点和最后一个必经点都放在赛场,让观众能同时看到团队成员分图出发和在最后一个必经点会合的过程。线路中必经点的难度应有一定的跨度,但不应有非常难的检查点。由必经点组成的线路应贯穿整个比赛场地,并按规定的到访顺序连接起来,依次标上序号。如某区域位于连线上的自由检查点太多,可以对连线进行剪裁。设计线路时应通过自由点布局将整个场地分成若干个有不同技能、体能和心理要求的区域,同一区域内自由点的难度应保持一定的跨度。此外,应在终点区最后一个必经点旁设一个等待区。

3. 出发

间隔出发,间隔为 3 分钟或 4 分钟。与其他项目不同,团队赛中运动员离开出发线,取得地图后,可以在出发线前的分图区分图。分图时间不得超过出发间隔时间,且计入比赛成绩。

4. 胜出时间

以最后一名到达终点成员的成绩为整个团队的成绩。

(1) M21E、W21E、M18E 和 W18E 胜出时间为 12~35 分钟。

(2) M55、W50、M12A 和 W12A 胜出时间为 12~25 分钟;

(3) 其他组别的胜出时间为 12~30 分钟。

(八)短距离接力赛

1. 项目概要

短距离接力赛是一项要求快速奔跑、快速反应的男女混合接力定向比赛,比赛场地可选择在公园、村镇、城市街道(必须交通管制)或者公园与小面积森林结合的适合快速奔跑的地形上。其比赛形式是短距离赛和接力赛相结合,要求四棒男女混合接力,其中第一棒和第四棒为女运动员,第二棒和第三棒为男运动员。该项目特别强调观赏性,方便媒体转播比赛。

2. 线路设计要点

(1) 短距离接力赛强调比赛的观赏性,线路设计尽力满足赛事转播和观众观看的需求。线路设计应易于观众理解,线路的 70%~80% 应便于电视转播,其中 75 分钟用于现场直播和赛场搭建介绍,15 分钟用于转播介绍、现场采访和颁奖仪式。在对线路质量无太大影响的前提下,可在线路中设置通过观众区的必经线路,方便观众观看和解说员对赛况进行解说。当现场直播方案比较完善时,必经线路可以不予考虑,以便线路设计员创造出更加高质量和挑战性的线路。如果必经线路影响运动员自由选择,线路设计时每棒次应设置两圈,并将这两圈的线路分别印制于地图的两面。线路设计时应采用蝶形分支线路(以防止比赛中产生跟随现象)。

(2) 线路设计在遵循接力赛基本要求外,应突出奔跑能力和快速线路选择能力。

(3)短距离接力胜出时间(获胜队所用总时间)应为55~60分钟。每一棒的胜出时间应为12~15分钟,线路设计时注意第一棒和最后一棒(由女性队员参赛)应比第二棒和第三棒距离稍短,以保障每一棒完成线路用时基本一致。

(4)在条件允许的情况下,可以在检查点位置设置摄像装置对赛事进行现场直播。在成绩有效的情况下,用时最短的队获得优胜。

(5)在条件允许情况下,尽可能在赛事中采用北斗或GPS追踪系统并考虑使用非接触式打卡计时系统。

3. 出发

第一棒集体出发,后续各棒按规定的顺序,与上一棒完成地图交接后,或与上一棒击掌交接并取得本棒地图后出发。

4. 胜出时间

短距离接力赛胜出时间(获胜队所用总时间)应为55~60分钟。每一棒的胜出时间应为12~15分钟。名次计取方式为四名队员在成绩有效的情况下,用时最短的队获得优胜。

第二节　定向越野赛事实施

如没有特殊规定,在国内举办的定向运动赛事执行《中国徒步定向运动竞赛规则》。

(一)人员配置

比赛应设置:总裁判长、起点裁判长、场地裁判长、检查裁判长、竞赛秘书长、终点裁判长、成绩统计裁判长。如有必要,应为裁判长配备适当数量的副裁判长和裁判员。

1. 总裁判长职责

总裁判长是赛事中竞赛规则和竞赛规程的最高执行人和最终解释者,对于规则和规程中没有明文规定而难以处理的问题,根据规则精神做最后的裁决。总裁判长的基本任务如下:

(1)制订赛事裁判工作计划;
(2)组织全体裁判员学习竞赛规则和竞赛规程,统一对规则条文的理解;
(3)主持并监督出发顺序抽签;
(4)主持领队、教练员和裁判长联席会议;
(5)协调和监督检查各裁判组工作,控制比赛进程;
(6)处理比赛中的各种疑难问题;
(7)批准比赛成绩和宣布比赛成绩。

2. 起点裁判长职责

起点裁判长负责组织起点区的裁判工作,带领起点组裁判员完成以下基本工作:

(1)按线路设计员的方案布置起点区和交接区;
(2)根据出发程序和出发顺序组织运动员检录,进入隔离区,阻止违禁物品进入隔离区和待发区;

(3)组织运动员出发；

(4)控制隔离区人员的流动,保证运动员得到良好的休息和进行不受干扰的准备活动；

(5)根据参赛运动员的组别和数量提前准备比赛地图。

3. 场地裁判长职责

场地裁判长负责组织赛场的裁判工作,带领场地裁判组完成以下基本工作：

(1)与线路设计员密切配合,在赛前准确完成检查点和检查点器材的布置；

(2)保证检查点和检查点器材的安全性；

(3)检查、阻止和判罚赛场中的违规行为；

(4)安置中途退出比赛的运动员；

(5)组织搜寻迷失的运动员；

(6)与安全监督密切配合,及时处理赛场中出现的安全问题。

4. 检查裁判长职责

(1)制止企图穿越禁区或具有不能通行特征的区域行为；

(2)制止危险行为；

(3)记录违规情况。

5. 终点裁判长职责

终点裁判长负责组织终点区的裁判工作,带领终点裁判组完成以下基本工作：

(1)根据线路设计员的规划布置终点区；

(2)保证沿着必经线路跑向终点的运动员顺利冲过终点线；

(3)回收地图；

(4)检查地图、检查卡和号码布；

(5)判定并记录集体出发的运动员到达终点的顺序和名次；

(6)在接力赛中预报即将完成比赛到达终点的运动员号码或代表队；

(7)控制终点区的秩序,保证观众和媒体的利益。

6. 成绩统计裁判长职责

成绩统计裁判长负责组织成绩统计和发布工作,带领成绩统计裁判组完成以下基本工作：

(1)录入与变更运动员信息；

(2)分发号码布和检查卡；

(3)编排出发顺序；

(4)准备批次表、检录表；

(5)处理接力赛、团队赛运动员临场变更；

(6)录入运动员成绩、打印成绩条和做好成绩备份；

(7)统计运动员到达终点的数据；

(8)公布即时成绩；

(9)确定最终成绩、名次并报总裁判长批准；

(10)提供成绩表；

(11)统计团体成绩。

7.竞赛秘书长职责

竞赛秘书长负责组织竞赛中动态信息的收集整理、统计汇总等信息管理工作,带领助理完成以下基本工作:

(1)负责赛事中心的管理;
(2)统计汇总运动队报到、离开赛场情况;
(3)受总裁判长委托在赛事中心、运动员住宿地张贴成绩、通知和处罚公告等信息;
(4)组织体育道德风尚奖,优秀裁判员、教练员和运动员的评选;
(5)为裁判员提供后勤保障;
(6)协助组织现场颁奖。

(二)起点场地布置

比赛区域包括起点区、赛场、终点区在内的所有区域。定向比赛起点场地布置要求相对比较统一,要统一配备:

时钟、凉棚、发令器、秒表、口哨、方桌、凳子、检查点说明表、地图及图箱、批次表、刀旗、检查点说明表、隔离带或路障、厕所等。

起点区应做如下安排:

(1)有一个热身区;
(2)待发运动员不能看到已出发运动员的线路选择。

裁判人员根据图 6-2-1,进行起点设置。对于间隔出发的比赛,待发区应按出发前时间设置 3~5 个待发区段,常用的配置为 1 分钟待发区(1 min)、2 分钟待发区(2 min)和 3 分钟待发区(3 min)。

检录处应在醒目位置配置一个面向运动员和代表队相关人员的检录时钟。出发线是运动员出发计时开始的位置,在其前方附近醒目位置应配置一个面向待发运动员的时钟。

比赛地图应放在出发线前,设有组别标示。出发前运动员应把自己的号码写在地图背面。未出发的运动员和代表队人员不得提前看地图、线路、前往第一个检查点的线路选择。

运动员因自身原因错过规定的检录时间,起点裁判长可根据情况重新安排出发时间,但应按原出发时间计时。

(三)终点场地布置

定向比赛终点场地布置要求如图 6-2-2 所示,应配备:引导带、图箱、终点线、终点卡座、桌子、椅子、成绩公告板等。

终点处应隔离出通往终点的冲刺通道,最后 20 米应是直道。通往终点的线路至少最后一部分应是一段必经线路。终点线至少应有 2 米宽,并与冲刺通道垂直,位置准确醒目。

运动员通过终点后应上交比赛地图,并在成绩统计处录入成绩,打印成绩条。

在整场比赛中应同时启用两个独立的精确计时系统:一个主计时系统、一个辅助计时系统。

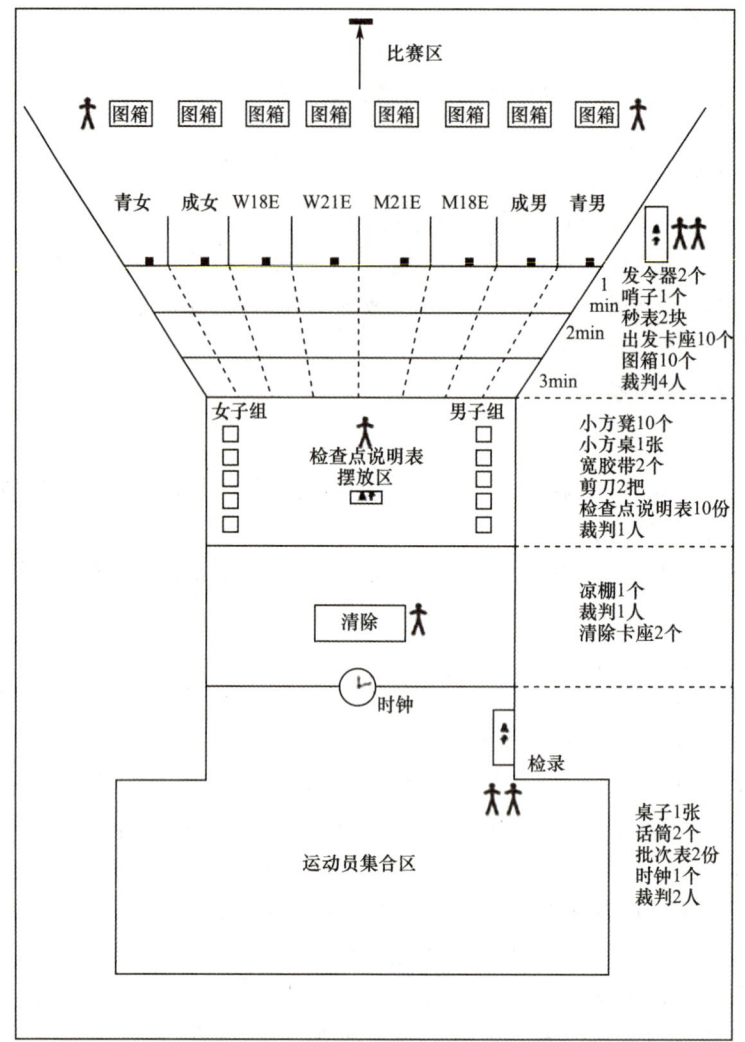

图 6-2-1 起点人员、器材配置图

最后一批运动员的出发时刻加上比赛的有效时间即为比赛结束或赛场关闭时间。

每场比赛竞赛委员会都应确定所有出发的运动员是否全部返回,应安排人员负责搜寻比赛结束时尚未返回的运动员。

终点处应配置医疗设施和医务人员。

运动员完成终点打卡比赛终止,以运动员检查卡记录的时间为终点计时。同组别集体出发项目,如另外规定按通过终点线决定名次,则应以运动员躯干的任何部位抵达终点线后沿垂直面的瞬间计时为准。

经赛事监督批准,竞赛委员会可为每个组别设定最长比赛时间或成绩有效时间(简称有效时间,详见前文表 6-1-1)。

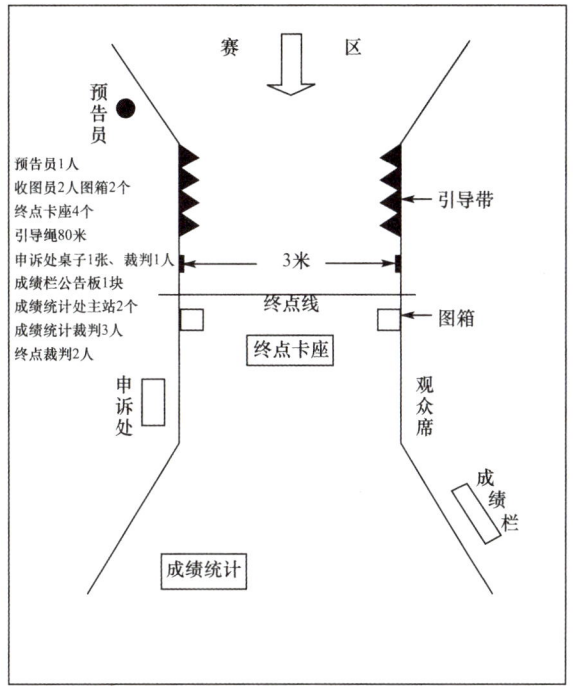

图 6-2-2 终点区人员、器材配置图

参考文献

[1] 王翔,朱建清,缪柯,等.定向运动.3版.北京:高等教育出版社,2023
[2] 张晓威.定向越野.北京:机械工业出版社,2019
[3] 胡允达,金明野.军事地形学与定向越野.2版.武汉:武汉大学出版社,2015
[4] 吴叶海,刘明,金熙佳.定向越野.杭州:浙江大学出版社,2019
[5] 张惠红,陶于,李俊.定向运动与野外生存.3版.北京:高等教育出版社,2020
[6] 丁建军,胡瑞霞.定向运动教学与训练.北京:人民体育出版社,2021
[7] 刘玉江,戴江洪.定向运动教程.成都:西南交通大学出版社,2023
[8] 郭红,郭兰.定向越野的运动伤害与预防.广州体育学院学报,2006;26(4)
[9] 孟昭莉,吕永新.定向运动.大连:大连理工大学出版社,2007

附　录

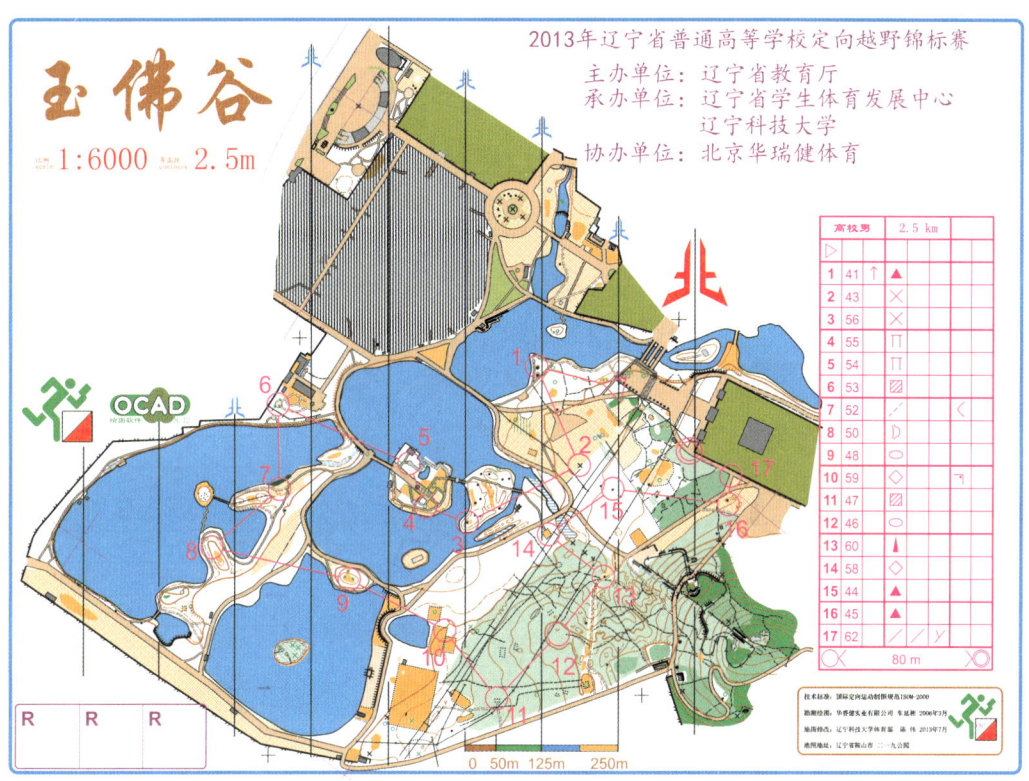

图 1　省级大学生定向越野锦标赛定向地图

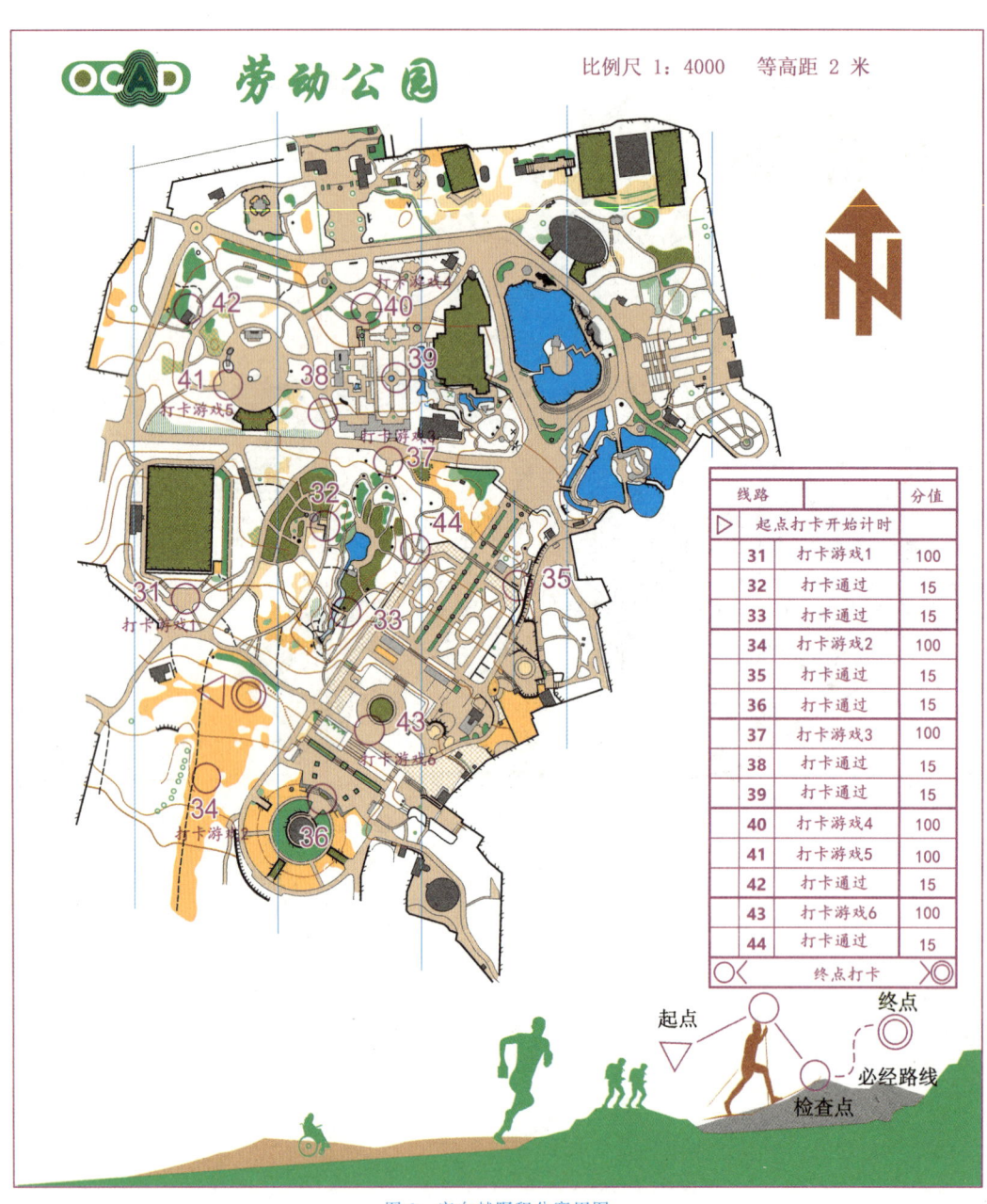

图2 定向越野积分赛用图